원리로 이해하고 그림으로 기억해요!

쑥쑥 급수한자

5급 하

한자의 부수

한자에는 온 세상의 모든 것이 담겨 있고 모든 한자는 부수를 가지고 있어요. 부수는 한자를 정리하고 배열하기 위한 하나의 방법입니다. 각 글자의 구성 요소 중에서 뜻에 해당하는 부분이 공통되는 부분을 부수로 삼고 글자를 찾을 때 활용해요. 한자의 부수를 알면 새로운 한자를 쉽게 익힐 수 있는 지름길이 됩니다.

부수 알아보기

1. 자연 과 관련된 부수

日 날 일	月 달 월	土 흙 토	山 메 산
石 돌 석	金 쇠 금	水 물 수	川 내 천
木 나무 목	竹 대나무 죽	艸 풀 초	火 불 화
夕 저녁 석	氷 얼음 빙	雨 비 우	

2. 동물 과 관련된 부수

犬 개 견　　牛 소 우　　羊 양 양　　馬 말 마

魚 물고기 어　　貝 조개 패　　羽 깃 우　　隹 새 추

肉 고기 육　　血 피 혈　　毛 털 모　　角 뿔 각

3. 집 과 관련된 부수

穴 구멍 혈　　广 집 엄　　宀 집 면　　門 문 문

戶 집 호　　尸 주검 시　　高 높을 고

알아보아요 - 약자(略字) 준5급 시험에는 8급~6급까지의 약자가 출제돼요.

번호	한자	약자	훈음	급수
1	國	国	나라 국	8급
2	萬	万	일만 만	8급
3	學	学	배울 학	8급
4	氣	気	기운 기	7급
5	來	来	올 래	7급
6	數	数	셈 수	7급
7	對	対	대할 대	6급 상
8	圖	図	그림 도	6급 상
9	讀	読	읽을 독	6급 상
10	樂	楽	즐길 락 / 음악 악	6급 상
11	發	発	필 발	6급 상
12	藥	薬	약 약	6급 상
13	戰	战	싸움 전	6급 상
14	體	体	몸 체	6급 상
15	會	会	모일 회	6급 상
16	區	区	구분할 구 / 지경 구	6급 하
17	禮	礼	예도 례	6급 하
18	遠	逺	멀 원	6급 하
19	醫	医	의원 의	6급 하
20	定	㝎	정할 정	6급 하
21	晝	昼	낮 주	6급 하
22	號	号	이름 호	6급 하
23	畫	画	그림 화	6급 하

차례

이 책의 구성

재미있는 위인전 이야기

단계별로 주제와
어울리는 한자를
모았어요.

배울 한자를
제시하였어요.

문장 힌트를 읽고
그림 속에서 숨은
한자 찾아보아요.

하루에 두 글자씩 한자를 익혀요

그림과 설명으로
한자의 원리를 재
미있게 익혀요.

약자
한자의 약자도
함께 익혀요.

中
중국 간체자와
병음, 한글 발음
을 함께 표기하
였어요.

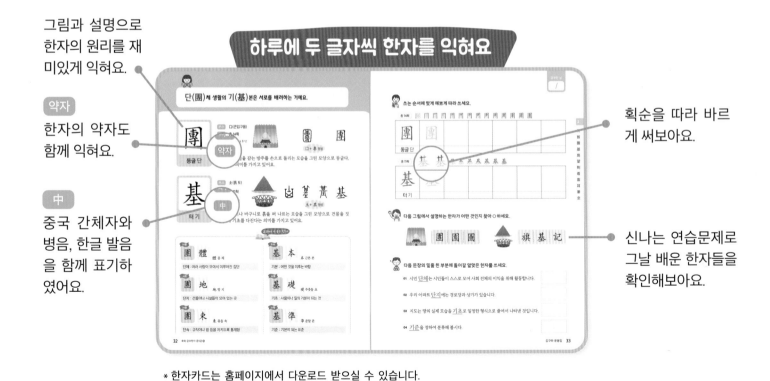

획순을 따라 바르
게 써보아요.

신나는 연습문제로
그날 배운 한자들을
확인해보아요.

* 한자카드는 홈페이지에서 다운로드 받으실 수 있습니다.
(회원가입 로그인후 도서명을 검색하세요)

연습문제

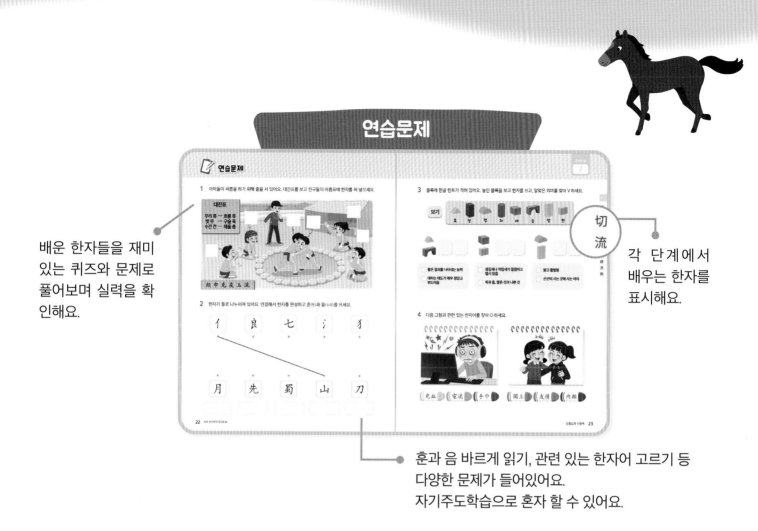

배운 한자들을 재미있는 퀴즈와 문제로 풀어보며 실력을 확인해요.

각 단계에서 배우는 한자를 표시해요.

훈과 음 바르게 읽기, 관련 있는 한자어 고르기 등 다양한 문제가 들어있어요.
자기주도학습으로 혼자 할 수 있어요.

기출 · 예상문제

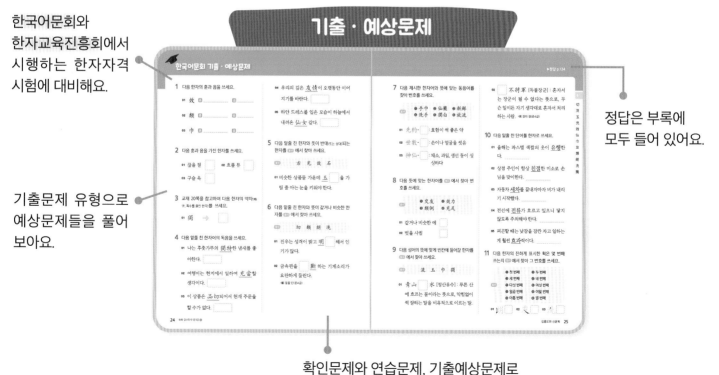

한국어문회와 한자교육진흥회에서 시행하는 한자자격시험에 대비해요.

기출문제 유형으로 예상문제들을 풀어보아요.

정답은 부록에 모두 들어 있어요.

확인문제와 연습문제, 기출예상문제로 총 3회 이상 반복하여 복습할 수 있어요.

김홍도와 신윤복

김홍도는 어려서부터 천재성을 보이며 그림의 種類를 가리지 않고 훌륭하게 그려냈어요. 그중 국보로 지정된 군선도는 頭巾을 두르거나 호리병을 든 도교의 神仙들을 생생하게 묘사한 것으로 유명해요. 또한 서민들의 익살스럽고 明朗한 모습을 充實하게 담아낸 풍속화는 조선 후기 화단의 새로운 경향이 되었어요.

곧 내 차례구나.
떨린다 떨려.

아이구, 다리가
너무 저리네.
살짝 뻗어볼까?

문장 힌트를 읽고 그림 속에 숨은 한자를 찾아봅시다.

類	巾	仙	朗	充	切	友	玉	洗	獨	流	效
무리 류	수건 건	신선 선	밝을 랑	채울 충	끊을 절	벗 우	구슬 옥	씻을 세	홀로 독	흐를 류	본받을 효

신윤복은 도화서 선배인 김홍도와 **切親**하게 지내며 **友情**을 쌓았고 그로부터 화풍에 영향을 받았어요. 그는 **玉**장식의 갓에 **洗練**된 의상을 입은 양반들이나 여인의 모습을 주요 소재로 다루었어요. **獨特**한 필선과 화려한 색채는 상류층 **風流**생활의 낭만적 분위기를 **效果**적으로 나타냈다는 평가를 받아요.

전류(流)가 흐르는 전기선을 절(切)단하는 것은 위험한 행동이에요.

切

끊을 절 / 온통 체

부수	刀(칼 도)
획수	총 4획
中	切(qiē) 치에

七 + 刀 형성

'끊을 절/온통 체'는 칼질을 여러 번 해서 무엇인가를 자르는 모양으로 끊다, 자르다는 의미를 가지고 있어요.

流

흐를 류

부수	⺡(삼수변)
획수	총 10획
中	流(liú) 리우

⺡ + 㐬 형성

'흐를 류'는 물살에 떠내려가는 아이를 그린 모양으로 흐르다는 의미를 가지고 있어요.

교과서 속 숨은 한자

도덕

親 切

親 친할 친

친절 : 대하는 태도가 매우 정답고 부드러움

사회

懇 切

懇 간절할 간

간절 : 마음이나 태도가 매우 절실하고 정성스러움

사회

適 切

適 맞을 적

적절 : 꼭 알맞음

과학

電 流

電 번개 전

전류 : 전하의 흐름

사회

流 出

'流'가 단어 첫머리에 올 때는 '유'로 읽어요.

出 날 출

유출 : 밖으로 흘러가거나 흘려 보냄

사회

交 流

交 사귈 교

교류 : 문화나 생각 등을 서로 주고 받음

쓰는 순서에 맞게 예쁘게 따라 쓰세요.

총 4획 切 切 切 切

切	切				
끊을절/온통체					

총 10획 流 流 流 流 流 流 流 流 流 流

流	流				
흐를 류					

 다음 글자의 훈(뜻)과 음(소리)을 쓰세요.

切
훈 _____ 음 _____
훈 _____ 음 _____

流
훈 _____ 음 _____

 다음 의미에 해당하는 한자어에 ○하세요.

01 꼭 알맞음 　　　　　　　　　　　　　　　適切 ⃝ 的切

02 밖으로 흘러가거나 흘려 보냄 　　　　　流出 ｜ 有出

03 마음이나 태도가 매우 절실하고 정성스러움 　間切 ｜ 懇切

04 문화나 생각 등을 서로 주고 받음 　　　　交流 ｜ 教流

옥(玉)을 실에 꿰느라 눈이 충(充)혈되었어요.

玉

부수	玉(구슬 옥)
획수	총 5획
中	玉(yù) 위

상형

구슬 옥

'구슬 옥'은 꿰어져 있는 구슬을 그린 모양으로 王과 구별하기 위해 점을 찍게 되었어요. 단 부수로 사용할 때에는 王으로 사용해요.

充

부수	儿(어진 사람인 발)
획수	총 6획
中	充(chōng) 충*

亠 + 允 회의

채울 충

'채울 충'은 배가 볼록 나온 사람을 그린 모양으로 가득차다라는 의미를 가지고 있어요.

교과서 속 숨은 한자

국어

玉 石
石 돌 석

옥석 : 옥과 돌이라는 의미, 좋은 것과 나쁜 것

국어

白 玉
白 흰 백

백옥 : 빛깔이 하얀 옥

사회

珠 玉
珠 구슬 주

주옥 : 구슬과 옥

국어

充 血
血 피 혈

충혈 : 몸의 한 부분에 피가 모여 빨갛게 됨

과학

充 分
分 나눌 분

충분 : 부족함 없이 넉넉함

사회

補 充
補 기울 보

보충 : 부족한 것을 채움

쓰는 순서에 맞게 예쁘게 따라 쓰세요.

총 5획	玉 玉 玉 玉 玉					
玉 구슬 옥	玉					

총 6획	充 充 充 充 充 充					
充 채울 충	充					

 다음 한자와 의미가 상대/반대인 한자를 찾아 ○하세요.

玉　王　石　民

充　空　流　兄

 문장을 읽고 빈칸에 들어갈 알맞은 한자를 써넣어 한자어를 완성하세요.

01　씨를 심고 흙을 덮은 후 물을 ☐ 分히 줍니다.

02　복날에는 삼계탕으로 영양을 補 ☐ 합니다.

03　광고에서는 그 화장품을 쓰면 피부가 白 ☐ 처럼 하얘진다고 합니다.

04　윤동주는 珠 ☐ 같이 아름다운 시를 많이 남겼습니다.

신선(仙)이 준 약은 역시 효(效)력이 있었어요.

본받을 효

부수	攵(칠 복)
획수	총 10획
中	效(xiào) 시아오

交 + 攵 형성

'본받을 효'는 화살과 회초리를 그린 모양으로 훈육을 통해 어떤 대상을 본받도록 한다는 의미를 가졌어요.

신선 선

부수	亻(사람인변)
획수	총 5획
中	仙(xiān) 시엔

人 + 山 회의

'신선 선'은 새집을 옮기는 사람을 그린 모양으로 신선이라는 의미를 가지고 있어요.

교과서 속 숨은 한자

과학

效 能
能 능할 능

효능 : 좋은 결과를 나타내는 능력

국어

效 果
果 실과 과

효과 : 어떤 일을 하여 나타나는 보람이나 좋은 결과

국어

效 率
率 비율 률(율)

효율 : 들인 노력과 얻은 결과의 비율

음악

仙 女
女 여자 녀(여)

선녀 : 신선이 사는 곳에 사는 여자

국어

神 仙
神 귀신 신

신선 : 도를 닦기 위해 자연 속에 산다는 상상의 사람

과학

水 仙 花
水 물 수
花 꽃 화

수선화 : 겨울과 봄 사이에 노란색이나 흰색으로 피는 꽃

쓰는 순서에 맞게 예쁘게 따라 쓰세요.

총 10획 效 效 效 效 效 效 效 效 效 效

效	效					

본받을 효

총 5획 仙 仙 仙 仙 仙

仙	仙					

신선 선

 다음 한자와 음이 같은 한자를 찾아 ○하세요.

效 交 孝

仙 山 線

 문장을 읽고 밑줄 친 한자의 독음을 써보세요.

01 한글은 대부분의 소리를 <u>效果</u>적으로 기록할 수 있습니다.

02 <u>神仙</u>들만 산다는 깊은 산속에 전우치라는 도사가 살았습니다.

03 우리집 정원에 <u>水仙花</u>가 예쁘게 피었습니다.

04 이번에 구매한 세탁기는 에너지 <u>效率</u>이 1등급입니다.

切 流 玉 充 效 仙 巾 友 類 朗 洗 獨

급우(友)들이 모두 수건(巾)을 머리에 쓰고 운동회에 참여했어요.

巾

수건 건

부수 巾(수건 건)
획수 총 3획
中 巾(jīn) 진

상형

'수건 건'은 긴 막대기에 걸린 수건을 그린 모양으로 수건이라는 의미를 가지고 있어요.

友

벗 우

부수 又(또 우)
획수 총 4획
中 友(yǒu) 요우

又 + ナ 회의

'벗 우'는 친한 사람들끼리 잡은 손을 그린 모양으로 벗이라는 의미를 가지고 있어요.

교과서 속 숨은 한자

도덕

手 巾 手 손 수

수건 : 얼굴이나 손을 닦는 물건

사회

黃 巾 賊 黃 누를 황
賊 도둑 적

황건적 : 중국 후한 시기 머리에 누런 수건을 두른 무리

사회

三 角 巾 三 석 삼
角 뿔 각

삼각건 : 응급 치료에 사용하는 삼각형의 천

도덕

友 情 情 뜻 정

우정 : 친구 사이의 정

도덕

學 友 學 배울 학

학우 : 같이 공부하는 벗

도덕

友 好 好 좋을 호

우호 : 개인 또는 나라끼리 서로 사이가 좋음

쓰는 순서에 맞게 예쁘게 따라 쓰세요.

총 3획　巾　巾　巾

巾	巾					
수건 건						

총 4획　友　友　友　友

友	友					
벗 우						

 다음 그림에서 설명하는 한자가 어떤 것인지 찾아 ○하세요.

市　巾　內　　　　左　反　友

 다음 문장의 밑줄 친 부분에 들어갈 알맞은 한자를 쓰세요.

01 <u>학우</u>들과 정한 학급 규칙은 잘 지켜야 합니다.

02 한국과 미국은 회담에서 협력과 <u>우호</u>를 다졌습니다.

03 구급함에는 <u>삼각건</u>, 붕대 등이 들어 있습니다.

04 손을 씻은 후에는 <u>수건</u>으로 물기를 닦아 냅니다.

類

무리 류

부수	頁(머리 혈)
획수	총 19획
中	类(lèi) 레이

類

米 + 犬 + 頁 회의

'무리 류'는 비슷한 크기의 개를 모아둔 모습을 그린 모양으로 무리, 비슷하다는 의미를 가지고 있어요.

朗

밝을 랑

부수	月(육달월)
획수	총 11획
中	朗(lǎng) 랑

朗

月 + 良 형성

'밝을 랑'은 달빛이 아름답게 비추는 것을 그린 모양으로 밝다라는 의미를 가지고 있어요.

교과서 속 숨은 한자

사회

種 類
種 씨 종

종류 : 사물의 부분이나 범위를 나누는 갈래

과학

分 類
分 나눌 분

분류 : 종류를 따라서 나눔

과학

肉 類
肉 고기 육

육류 : 먹을 수 있는 짐승의 고기 종류

국어

明 朗
明 밝을 명

명랑 : 밝고 활발함

국어

朗 朗

'朗'이 단어 첫머리에 올 때는 '낭'으로 읽어요.

낭랑 : 소리가 맑고 또랑또랑함

국어

朗 誦
誦 외울 송

낭송 : 큰 소리로 글을 읽거나 외움

쓰는 순서에 맞게 예쁘게 따라 쓰세요.

총 19획　類類類類類類類類類類類類類類類類類類類

類	類					
무리 류						

총 11획　朗朗朗朗朗朗朗朗朗朗朗

朗	朗					
밝을 랑						

다음 한자와 의미가 유사한 한자를 찾아 ○하세요.

類　等　部　　　　　朗　良　明

다음 문장의 한자 중에서 틀린 글자를 찾아 ○ 하고 바르게 고치세요.

01 금속 活字는 활자를 조합하여 여러 種流의 책을 인쇄할 수 있습니다.

02 時計 속 뻐꾸기의 소리가 아주 크고 良良합니다.

03 시를 育誦하고 各自의 느낌을 이야기해 봅시다.

04 우리는 生活하면서 생긴 쓰레기를 分流하여 버립니다.

切流玉充效仙巾友類朗洗獨

그는 세(洗)수를 하는 방법이 아주 독(獨)특해요.

洗
씻을 세

부수 氵(삼수변)
획수 총 9획
中 洗(xǐ) 시

水 + 先 회의

'씻을 세'는 발을 씻는 사람을 그린 모양으로 씻다라는 의미를 가지고 있어요.

獨
홀로 독

부수 犭(개사슴록변)
획수 총 16획
中 独(dú) 두
약자 独

水 + 蜀 형성

'홀로 독'은 개와 애벌레를 그린 모양으로 홀로, 혼자라는 의미를 가지고 있어요.

교과서 속 숨은 한자

사회
洗 煉   煉 달굴 련

세련 : 생김새나 차림새가 깔끔하고 맵시 있음

수학
洗 面 臺   面 낯 면
臺 대 대

세면대 : 손이나 얼굴을 씻도록 만들어 둔 기구

사회
洗 濯 機   濯 씻을 탁
機 틀 기

세탁기 : 빨래하는 기계

국어
獨 創   創 비롯할 창

독창 : 새로운 것을 처음으로 만들어 내거나 생각해냄

국어
獨 唱   唱 부를 창

독창 : 혼자서 노래를 부름

사회
獨 立   立 설 립

독립 : 다른 것에 속하거나 의존하지 않는 상태로 됨

쓰는 순서에 맞게 예쁘게 따라 쓰세요.

총 9획	洗 洗 洗 洗 洗 洗 洗 洗 洗					
洗	洗					
씻을 세						

총 16획	獨 獨 獨 獨 獨 獨 獨 獨 獨 獨 獨 獨 獨 獨 獨 獨					
獨	獨					
홀로 독						

 다음 한자의 음을 찾아 ○하세요.

洗   선   류   세

獨   독   특   견

 다음 밑줄 친 부분에 해당하는 한자에 ○하세요.

01 청자의 상감기법은 우리 민족의 <u>독창</u>적인 기법입니다.   獨唱 獨創

02 음악 시간에 <u>독창</u>을 한 친구의 표정이 정말 재미있었습니다.   獨唱 獨創

03 <u>세면대</u>의 수도꼭지를 계속 틀어두면 안 됩니다.   洗濯機 洗面臺

04 우리 엄마는 이번에 <u>세탁기</u>를 구매했어요.   洗濯機 洗面臺

1 아이들이 씨름을 하기 위해 줄을 서 있어요. 대진표를 보고 친구들의 이름표에 한자를 써 넣으세요.

대진표

무리 류 ― 흐를 류
벗 우 ― 구슬 옥
수건 건 ― 채울 충

類 巾 充 友 玉 流

2 한자가 둘로 나누어져 있어요. 연결해서 한자를 완성하고 훈(뜻)과 음(소리)을 쓰세요.

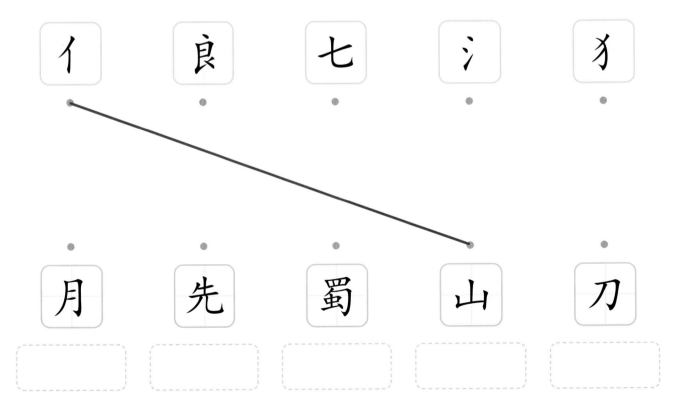

3 블록에 한글 힌트가 적혀 있어요. 놓인 블록을 보고 한자를 쓰고, 알맞은 의미를 찾아 V하세요.

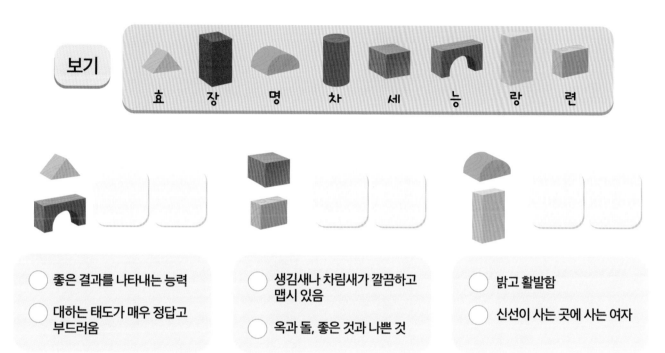

보기

효 장 명 차 세 능 랑 련

切
流
玉
充
效
仙
巾
友
類
朗
洗
獨

○ 좋은 결과를 나타내는 능력

○ 대하는 태도가 매우 정답고 부드러움

○ 생김새나 차림새가 깔끔하고 맵시 있음

○ 옥과 돌, 좋은 것과 나쁜 것

○ 밝고 활발함

○ 신선이 사는 곳에 사는 여자

4 다음 그림과 관련 있는 한자어를 찾아 ○하세요.

充血 電流 手巾

獨立 友情 肉類

1 다음 한자의 훈과 음을 쓰세요.

01 效 훈_____ 음_____

02 類 훈_____ 음_____

03 巾 훈_____ 음_____

2 다음 훈과 음을 가진 한자를 쓰세요.

01 끊을 절 ☐   02 흐를 류 ☐

03 구슬 옥 ☐

3 교재 20쪽을 참고하여 다음 한자의 약자(略字, 획수를 줄인 한자)를 쓰세요.

01 獨 ➡ ☐

4 다음 밑줄 친 한자어의 독음을 쓰세요.

01 나는 후춧가루의 **獨特**한 냄새를 좋아한다. ☐

02 여행비는 현지에서 일하며 **充當**할 생각이다. ☐

03 이 상품은 **品切**되어서 현재 주문을 할 수가 없다. ☐

04 우리의 깊은 **友情**이 오랫동안 이어지기를 바란다. ☐

05 하얀 드레스를 입은 모습이 하늘에서 내려온 **仙女** 같다. ☐

5 다음 밑줄 친 한자와 뜻이 반대(또는 상대)되는 한자를 (보기)에서 찾아 쓰세요.

(보기) 右 充 效 石

01 비슷한 상품들 가운데 **玉**☐을 가릴 줄 아는 눈을 키워야 한다.

6 다음 밑줄 친 한자와 뜻이 같거나 비슷한 한자를 (보기)에서 찾아 쓰세요.

(보기) 切 類 朗 洗

01 진우는 성격이 밝고 **明**☐해서 인기가 많다.

02 금속판을 ☐**斷**하는 기계소리가 요란하게 들린다.

*斷 끊을 단(준4급)

7 다음 제시한 한자어와 뜻에 맞는 동음어를 찾아 번호를 쓰세요.

보기
● 手巾　● 仙藥　● 新鮮
● 洗手　● 獨白　● 放流

01 先約-[　] : 효험이 썩 좋은 약

02 世數-[　] : 손이나 얼굴을 씻음

03 神仙-[　] : 채소, 과일, 생선 등이 싱싱하다

8 다음 뜻에 맞는 한자어를 보기 에서 찾아 번호를 쓰세요.

보기
● 交友　● 效力
● 類例　● 充足

01 같거나 비슷한 예 [　]

02 벗을 사귐 [　]

9 다음 성어의 뜻에 맞게 빈칸에 들어갈 한자를 보기 에서 찾아 쓰세요.

보기
流　玉　巾　獨

01 青山[　]水 [청산유수] : 푸른 산에 흐르는 물이라는 뜻으로, 막힘없이 썩 잘하는 말을 비유적으로 이르는 말.

02 [　]不將軍 [독불장군] : 혼자서는 장군이 될 수 없다는 뜻으로, 무슨 일이든 자기 생각대로 혼자서 처리하는 사람. *將 장차 장(준4급)

10 다음 밑줄 친 단어를 한자로 쓰세요.

01 올해는 파스텔 색깔의 옷이 <u>유행</u>한다. _____

02 상점 주인이 항상 <u>친절</u>한 미소로 손님을 맞이한다. _____

03 자동차 <u>세차</u>를 끝내자마자 비가 내리기 시작했다. _____

04 전선에 <u>전류</u>가 흐르고 있으니 닿지 않도록 주의해야 한다. _____

05 피곤할 때는 낮잠을 잠깐 자고 일하는 게 훨씬 <u>효과</u>적이다. _____

11 다음 한자의 진하게 표시한 획은 몇 번째 쓰는지 보기 에서 찾아 그 번호를 쓰세요.

보기
● 첫 번째　　● 두 번째
● 세 번째　　● 네 번째
● 다섯 번째　● 여섯 번째
● 일곱 번째　● 여덟 번째
● 아홉 번째　● 열 번째

01 朗 [　]　　02 友 [　]　　03 洗 [　]

切流玉充效仙巾友類朗洗獨

1 다음 한자와 음(소리)이 같은 한자를 고르세요.

01 類 ☐
　❶效　❷流　❸朗　❹巾

02 友 ☐
　❶右　❷有　❸左　❹充

03 洗 ☐
　❶海　❷獨　❸世　❹生

2 다음 한자의 뜻으로 알맞은 것을 고르세요.

01 仙 ☐
　❶언덕　❷신선　❸수건　❹친구

02 玉 ☐
　❶무리　❷주인　❸임금　❹구슬

03 切 ☐
　❶흐르다　❷세다　❸끊다　❹씻다

3 다음 한자와 뜻이 반대되거나 상대되는 한자를 고르세요.

01 充 ☐
　❶洗　❷友　❸室　❹空

4 보기 의 단어들과 가장 관련이 깊은 한자를 고르세요.

보기 　　강물　땀　세월

01 ❶巾　❷切　❸類　❹流 ☐

보기 　　비누　목욕　물

02 ❶洗　❷效　❸仙　❹獨 ☐

5 다음 한자어의 독음(소리)으로 알맞은 것을 고르세요.

01 切實 ☐
　❶절실　❷현실　❸절단　❹절교

02 書類 ☐
　❶주야　❷분류　❸화가　❹서류

03 效用 ☐
　❶교월　❷효용　❸효행　❹교실

6 안에 들어갈 알맞은 한자를 고르세요.

01 그분은 조국의 **독립** 을 위해 자신의 일생을 바쳤다.
　❶洗面　❷獨立　❸分類　❹有效

02 두 나라는 경제 **교류** 가 활발하다.
　❶交流　❷神仙　❸教育　❹效果

7 다음 한자의 훈과 음을 한글로 쓰세요.

01 充　훈 _____　음 _____

02 獨　훈 _____　음 _____

03 朗　훈 _____　음 _____

8 다음 훈과 음에 맞는 한자를 쓰세요.

01 벗 우 ☐　　02 수건 건 ☐

03 본받을 효 ☐

9 다음 한자어의 독음을 한글로 쓰세요.

01 獨白 _____

02 人類 _____

03 親切 _____

10 다음 밑줄 친 한자를 의미에 맞는 한자로 고쳐 쓰세요. (단, 음이 같은 한자로 고칠 것)

01 스포츠 교류를 통해 두 나라의 右愛를 증진할 수 있었다. ☐

02 어제 先女와 나무꾼 전래동화를 재미있게 읽었다. ☐

03 이 건물은 신라시대의 讀特한 건축 양식을 보여준다. ☐

11 다음 한자성어의 설명을 읽고 ☐ 에 들어갈 한자를 쓰세요.

文房四 ☐ [문방사우]

서재에 꼭 있어야 할 네 벗. 붓, 먹, 벼루, 종이를 말함.

*房 방 방(준4급)

(12-13) 교재 108, 109쪽 교과서 한자어를 참고하여 풀어보세요.

12 다음 한자어의 알맞은 뜻을 고르세요.

所得 ☐ *得 얻을 득(준4급)

❶ 막힘이 없이 흘러서 통함

❷ 재주와 능력이 뛰어난 사람

❸ 어려운 처지에 있는 사람을 도와줌

❹ 일한 결과로 얻은 정신적 · 물질적 이익

13 ☐ 안에 들어갈 알맞은 한자어를 고르세요.

물건을 살 때 유통 기한을 확인하는 습관을 기르는 것이 좋다.

❶ 約束　❷ 流通　❸ 反省　❹ 公共

切流玉充效仙巾友類朗洗獨

1

2단계 김구와 윤봉길

황해도 海州 출신의 김구 선생은 임시 정부의 首長이 되어 독립운동 團體인 한인애국단을 만들었어요. 일본 요인 암살을 위한 작전의 基本계획을 세우고 이봉창, 윤봉길 의사의 의거를 지휘했어요. 광복 후에도 완전한 통일 정부 수립을 위해 노력했지만 그 所望은 結局 이루지 못했어요.

문장 힌트를 읽고 그림 속에 숨은 한자를 찾아봅시다.

州	首	團	基	望	局	念	到	着	雲	耳	筆
고을 주	머리 수	둥글 단	터 기	바랄 망	판 국	생각 념	이를 도	붙을 착	구름 운	귀 이	붓 필

28 쑥쑥 급수한자 준5급 07

윤봉길 의사는 일왕의 생일 축하 **記念式**이 열리는 홍커우 공원에 **到着**했어요. 공원에는 많은 사람들이 **雲集**해 있었고 때가 되자 그는 폭탄을 꺼내 단상을 향해 던졌어요. 이 사건은 전 세계의 **耳目**을 집중시켜 신문에 **大書特筆**되었고 독립운동가들은 더 큰 힘을 얻게 되었지요.

경주(州)는 신라의 수(首)도예요.

고을 주

부수 川(내 천)
획수 총 6획
中 州(zhōu) 쪼우*

상형

'고을 주'는 중간에 모래톱이 쌓여 있는 하천을 그린 모양으로 고을이나 마을이라는 의미를 가지고 있어요.

머리 수

부수 首(머리 수)
획수 총 9획
中 首(shǒu) 쇼우*

상형

'머리 수'는 동물의 머리를 그린 모양으로 현재는 사람의 머리, 우두머리라는 의미를 가지고 있어요.

교과서 속 숨은 한자

사회

光 州   光 빛 광

광주 : 전라남도의 중앙에 있는 광역시

사회

慶 州   慶 경사 경

경주 : 경상북도의 남부에 있는 도시

사회

全 州   全 온전 전

전주 : 전라북도의 중앙에 있는 도시

사회

首 都   都 도읍 도

수도 : 한 나라의 중앙 정부가 있는 도시

사회

元 首   元 으뜸 원

원수 : 한 나라를 다스리는 최고 권력자

국어

首 肯   肯 즐길 긍

수긍 : 옳다고 인정함

쓰는 순서에 맞게 예쁘게 따라 쓰세요.

총 6획	州 州 州 州 州 州

州	州				
고을 주					

총 9획	首 首 首 首 首 首 首 首 首

首	首				
머리 수					

다음 한자와 의미가 유사한 한자를 찾아 ○하세요.

州　郡　川

首　自　頭

다음 문장의 한자 중에서 틀린 글자를 찾아 ○ 하고 바르게 고치세요.

01　地圖에서 光主 광역시의 위치를 찾아봅시다.

02　계속되는 설득 끝에 모두가 그의 意見에 數肯했습니다.

03　國家의 園手들은 世界의 환경, 경제 등의 問題를 함께 의논합니다.

04　輕住의 불국사는 유네스코에서 지정한 世界文化유산입니다.

단(團)체 생활의 기(基)본은 서로를 배려하는 거예요.

둥글 단

부수	口(큰입구몸)
획수	총 14획
中	团(tuán) 투안
약자	团

口 + 專 형성

'둥글 단'은 실을 감는 방주를 손으로 돌리는 모습을 그린 모양으로 둥글다, 단체라는 의미를 가지고 있어요.

터 기

부수	土(흙 토)
획수	총 11획
中	基(jī) 지

土 + 其 형성

'터 기'는 키나 바구니로 흙을 퍼 나르는 모습을 그린 모양으로 건물을 짓기 위해 기초를 다진다는 의미를 가지고 있어요.

교과서 속 숨은 한자

사회
團 體 體 몸 체

단체 : 여러 사람이 모여서 이루어진 집단

사회
團 地 地 땅 지

단지 : 건물이나 시설들이 모여 있는 곳

사회
團 束 束 묶을 속

단속 : 규칙이나 법 등을 지키도록 통제함

국어
基 本 本 근본 본

기본 : 어떤 것을 이루는 바탕

사회
基 礎 礎 주춧돌 초

기초 : 사물이나 일의 기본이 되는 것

수학
基 準 準 준할 준

기준 : 기본이 되는 표준

쓰는 순서에 맞게 예쁘게 따라 쓰세요.

| 총 14획 | 團 團 團 團 團 團 圓 團 團 團 團 團 團 團 |

團	團				
둥글 단					

| 총 11획 | 基 基 基 基 基 基 基 基 基 基 基 |

基	基				
터 기					

州 首 團 基 局 望 到 着 雲 耳 筆 念

 다음 그림에서 설명하는 한자가 어떤 것인지 찾아 ○하세요.

團 園 圖　　旗 基 記

 다음 문장의 밑줄 친 부분에 들어갈 알맞은 한자를 쓰세요.

01 시민 <u>단체</u>는 시민들이 스스로 모여 사회 전체의 이익을 위해 활동합니다.

02 우리 아파트 <u>단지</u>에는 경로당과 상가가 있습니다.

03 지도는 땅의 실제 모습을 <u>기초</u>로 일정한 형식으로 줄여서 나타낸 것입니다.

04 <u>기준</u>을 정하여 분류해 봅시다.

계획한 대로 **착착(着着)** 하고 있으니 곧 목표에 **도(到)**달할 것 같아요.

到

이를 도

부수	刂(선칼도방)
획수	총 8획
中	到(dào) 따오

至 + 刀 형성

'이를 도'는 땅에 화살이 꽂힌 모습을 그린 모양으로 어떤 장소에 다다르다 라는 의미를 가지고 있어요.

着

붙을 착

부수	目(눈 목)
획수	총 12획
中	着(zhuó) 쭈어*

羊 + 目 형성

'붙을 착'은 사탕수수즙을 마시고 있는 사람을 그린 모양으로 붙다라는 의미를 가지고 있어요.

교과서 속 숨은 한자

 국어

到 達 達 통달할 달

도달 : 목적한 곳이나 수준에 다다름

 사회

到 處 處 곳 처

도처 : 이르는 곳

국어

當 到 當 마땅 당

당도 : 어떤 곳이나 일에 닿아서 이름

 국어

定 着 定 정할 정

정착 : 일정한 곳에 자리를 잡아 삶

 국어

着 陸 陸 뭍 륙(육)

착륙 : 비행기가 하늘에서 땅으로 내려 앉음

 과학

着 着

착착 : 일이 순서대로 되어 가는 모양

쓰는 순서에 맞게 예쁘게 따라 쓰세요.

총 8획	到 到 到 到 到 到 到 到					
到	到					
이를 도						

총 12획	着 着 着 着 着 着 着 着 着 着 着 着					
着	着					
붙을 착						

 다음 단어의 유의어에는 ○, 반의어에는 △로 표시하세요.

到着   出發   生産   到來   出入

 다음 문장의 밑줄 친 부분에 들어갈 알맞은 한자를 쓰세요.

01 우리는 목표에 **도달**하기 위해 노력해야 합니다.

02 우리가 할 수 있는 작지만 중요한 일들이 **도처**에 널려 있습니다.

03 노팅힐*에 **정착**한 흑인 노동자들은 차별로 인해 힘든 시간을 보냈습니다.

04 1976년 화성에 **착륙**한 우주선이 우리에게 화성의 표면을 보여주었습니다.

*노팅힐은 영국 런던에 위치한 지역으로,
과거 흑인 노동자들이 모여 살던 곳이에요.

2

州 首 團 基 局 望 到 着 雲 耳 筆 念

노력하지 않으면 희**망(望)**은 결국(**局**) 실**망(望)**이 됩니다.

局

판 국

부수	尸(주검 시)
획수	총 7획
中	局(jú) 쥐

尺 + 口 회의

'판 국'은 장기판 위에 엎어진 말을 그린 모양으로 판이라는 의미로 사용되다가 사태, 판세, 관청이라는 의미를 가지게 되었어요.

望

바랄 망

부수	月(육달월)
획수	총 11획
中	望(wàng) 왕

상형

'바랄 망'은 사람이 무엇을 바라보는 모습을 그린 모양으로 망보다는 의미로 사용되다가 바라다, 기대하다라는 의미를 가지게 되었어요.

교과서 속 숨은 **한자**

국어

結 局

結 맺을 결

결국 : 일이 마무리 되는 때

국어

局 限

限 한할 한

국한 : 범위를 정함

사회

郵 遞 局

郵 우편 우
遞 갈릴 체

우체국 : 우편, 예금 등의 업무를 하는 기관

도덕

失 望

失 잃을 실

실망 : 희망을 잃음, 또는 바라던 대로 되지 않아 마음이 상함

국어

希 望

希 바랄 희

희망 : 어떤 일을 이루거나 하기를 바람

사회

展 望

展 펼 전

전망 : 멀리 바라 봄

쓰는 순서에 맞게 예쁘게 따라 쓰세요.

총 7획	局局局局局局局					
局	局					
판 국						

총 11획	望望望望望望望望望望望					
望	望					
바랄 망						

 다음 한자의 훈(뜻)과 음(소리)을 쓰세요.

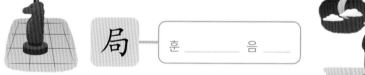 局 훈 _____ 음 _____

  望 훈 _____ 음 _____

 다음 의미에 해당하는 한자어에 ○하세요.

01 어떤 일을 이루거나 하기를 바람 .... 希望 失望

02 일이 마무리되는 때 .... 到着 結局

03 범위를 정함 .... 局限 國漢

04 멀리 바라봄 .... 展望 前望

해운(雲)대의 한 식당에서 목이(耳)버섯 전골을 먹었어요.

구름 운

부수 雨(비 우)
획수 총 12획
中 云(yún) 윈

雨 + 云 형성

'구름 운'은 피어 오른 뭉게구름을 그린 모양으로 구름이라는 의미를 가지고 있어요.

귀 이

부수 耳(귀 이)
획수 총 6획
中 耳(ěr) 얼

상형

'귀 이'는 귀의 귓바퀴와 귓볼을 그린 모양으로 귀라는 의미를 가지고 있어요.

교과서 속 숨은 한자

과학

雨 雲   雨 비 우

우운 : 비와 구름

국어

雲 霧   霧 안개 무

운무 : 구름과 안개

국어

雲 鞋   鞋 신 혜

운혜 : 구름무늬가 새겨진 여자들이 신는 신

국어

耳 鼻   鼻 코 비

이비 : 귀와 코

국어

耳 目   目 눈 목

이목 : 귀와 눈, 주의와 관심

국어

耳 順   順 순할 순

*어떤 일을 들으면 곧 이해가 된다는 뜻이에요.

이순 : 예순 살을 이르는 말

쓰는 순서에 맞게 예쁘게 따라 쓰세요.

총 12획 雲 雲 雲 雲 雲 雲 雲 雲 雲 雲 雲 雲

雲	雲				
구름 운					

총 6획 耳 耳 耳 耳 耳 耳

耳	耳				
귀 이					

2

州 首 團 基 局 望 到 着 雲 耳 筆 念

 다음 한자와 발음이 같은 한자를 찾아 ○하세요.

雲 雨 運   耳 聞 以

 문장을 읽고 밑줄 친 한자의 독음을 써보세요.

01 소각장을 설치하는 문제에 주민들의 <u>耳目</u>이 집중되었습니다.

02 공자는 <u>耳順</u>이 되면 모든 일이 이해가 된다고 했습니다.

03 탐험대가 <u>雲霧</u>가 가득한 산꼭대기에 도착했습니다.

04 옛날 신발에는 <u>雲鞋</u>, 당혜, 수혜가 있습니다.

*당혜 : 울이 썩 깊고 코가 작은 가죽신의 한 가지
*수혜 : 수를 놓은 비단으로 만든 신

누나는 입학기념(念)으로 필(筆)기용 패드를 선물받았어요.

붓 필

부수	竹(대나무 죽)
획수	총 12획
中	笔(bǐ) 비

竹 + 聿 회의

'붓 필'은 손에 붓을 쥐고 있는 모습을 그린 모양으로 붓이라는 의미를 가지고 있어요.

생각 념

부수	心(마음 심)
획수	총 8획
中	念(niàn) 니엔

心 + 今 회의

'생각 념'은 입과 마음을 그린 모양으로 말이 밖으로 새어 나가지 못하고 마음 속에 머금고 있다는 의미를 가지고 있어요.

교과서 속 숨은 한자

과학

 筆 記　記 기록할 기

필기 : 내용을 받아 적음

국어

鉛 筆　鉛 납 연

연필 : 글씨를 쓰거나 그림을 그리는 데 사용하는 도구

국어

 筆 筒　筒 대통 통

필통 : 붓이나 필기구 등을 꽂아 두는 통

국어

 思 念　思 생각 사

사념 : 근심하고 염려하는 생각

국어

* '紀念'은 '記念'으로 쓰기도 해요.

 紀 念　紀 벼리 기

기념 : 어떤 것을 오래도록 잊지 않고 마음에 간직함

국어

 槪 念　槪 대개 개

개념 : 어떤 것에 대한 일반적인 생각

쓰는 순서에 맞게 예쁘게 따라 쓰세요.

총 12획 筆 筆 筆 筆 筆 筆 筆 筆 筆 筆 筆 筆

筆	筆					
붓 필						

총 8획 念 念 念 念 念 念 念 念

念	念					
생각 념						

州
首
團
基
局
望
到
着
雲
耳
筆
念

 다음 한자의 훈(뜻)과 음(소리)을 쓰세요.

念 훈 _____ 음 _____

筆 훈 _____ 음 _____

 다음 의미에 해당하는 한자어에 ○하세요.

01 근심하고 염려하는 생각 　　　　　思念 ┊ 信念

02 글씨를 쓰거나 그림을 그리는 데 사용하는 도구 　　　　　鉛筆 ┊ 年筆

03 붓이나 필기구 등을 꽂아 두는 통 　　　　　筆記 ┊ 筆筒

04 어떤 것을 오래도록 잊지 않고 마음에 간직함 　　　　　紀念 ┊ 理念

연습문제

1 윤봉길 의사가 다음 규칙에 따라 이동하였을 때 마지막에 만날 수 있는 한자에 ○하고 훈과 음을 쓰세요.

훈 _____ 음 _____

예 앞으로 두 칸 갑니다.

아니오! 뒤로 한 칸 갑니다.

규칙

1. 범죄 사실을 고백하는 것을 自首라고 합니다.
2. 단체 활동은 한자로 單體活動이라고 씁니다.
3. 耳目은 귀와 눈을 의미합니다.
4. 물이 다니는 길을 水到라고 합니다.
5. 결국은 한자로 結局이라고 씁니다.

2 한자가 둘로 나누어져 있어요. 연결해서 한자를 완성하고 훈(뜻)과 음(소리)을 쓰세요.

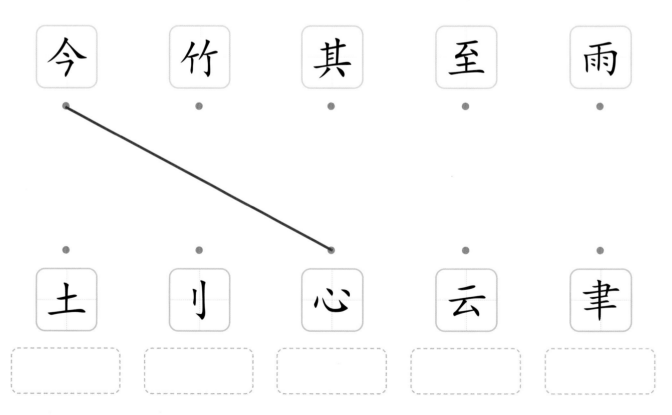

3 친구들과 여행 계획을 짠 내용을 그림일기로 쓰고 있어요. 한자의 독음을 써보세요.

❶ 慶州 어때?
신라의 ❷ 首都 같아.

❸ 雲霧가 아름다운
토함산도 괜찮은 것 같아.

가고 싶은 장소를 말해봐.
내가 ❹ 筆記할게.

오늘은 친구들과 여행 계획을 짰다. 다양한 장소가 추천되어 ❺ 結局 다수결로 정해졌다.
내가 가고 싶은 곳이 아니어서 ❻ 失望스러웠지만 친구들과의 여행은 즐거울 것 같다.

❶ ❷ ❸ ❹ ❺ ❻

2

州 首 團 基 局 望 到 着 雲 耳 筆 念

4 다음 그림을 보고 내용과 관련이 깊은 한자어를 찾아 ○하세요.

우리 같이
사진 찍자!

○   ○

紀念 / 耳目 / 到達

○   ○

着陸 / 團地 / 基礎

김구와 윤봉길 **43**

1 다음 한자의 훈과 음을 쓰세요.

01 局　훈＿＿＿＿＿　음＿＿＿＿

02 基　훈＿＿＿＿＿　음＿＿＿＿

03 州　훈＿＿＿＿＿　음＿＿＿＿

2 다음 훈과 음을 가진 한자를 쓰세요.

01 귀 이

02 머리 수

03 이를 도

3 교재 32쪽을 참고하여 다음 한자의 약자(略字, 획수를 줄인 한자)를 쓰세요.

01 團　➡

4 다음 밑줄 친 한자어의 독음을 쓰세요.

01 많은 사람들이 광장에 雲集했다.

02 선생님이 말씀하신 내용을 꼼꼼히 筆記했다.

03 산에 올라 일출을 바라보며 새해 所望을 빌었다.

04 우리 모두 힘을 합쳐 어려운 時局을 헤쳐 나가자.

05 선수들은 반드시 이긴다는 信念을 가지고 경기에 임했다.

5 다음 밑줄 친 한자와 뜻이 반대(또는 상대) 되는 한자를 보기 에서 찾아 쓰세요.

보기　　基　筆　着　首

01 공항 전광판에 여객기 發□ 시간 표가 게시되어 있다.

6 다음 밑줄 친 한자와 뜻이 같거나 비슷한 한자를 보기 에서 찾아 쓰세요.

보기　　到　州　望　團

01 개미나 벌은 集□을 이루고 산다.

02 기차가 □着할 때쯤 역으로 마중 나갔다.

7 다음 제시한 한자어와 뜻에 맞는 동음어를 찾아 번호를 쓰세요.

> 보기
> ❶ 耳目　❷ 自首　❸ 藥局
> ❹ 德望　❺ 首席　❻ 自筆

01 字數-☐ : 범죄자가 스스로 신고하고 처분을 구함.

02 弱國-☐ : 약사가 약을 조제하거나 파는 곳

03 水石-☐ : 석차의 맨 윗 자리

8 다음 뜻에 맞는 한자어를 보기 에서 찾아 번호를 쓰세요.

> 보기　❶ 基線　❷ 着手　❸ 記念　❹ 待望

01 기다리고 바람 ☐

02 기준이 되는 선 ☐

9 다음 성어의 뜻에 맞게 빈칸에 들어갈 한자를 보기 에서 찾아 쓰세요.

> 보기　着　團　巾　獨

01 大同☐結 [대동단결] : 여러 집단이나 사람이 어떤 목적을 이루려고 크게 한덩어리로 뭉침

02 人相☐衣 [인상착의] : 사람의 생김새와 입고 있는 옷

10 다음 밑줄 친 단어를 한자로 쓰세요.

01 우리 회사는 직원들끼리 **단합**이 잘 된다. _____

02 바다가 보이는 **전망** 좋은 숙소에서 머물렀다. _____

03 출판기념회에 가서 작가의 **친필** 사인을 받았다. _____

04 기상상황의 악화로 비행기가 **착륙**하지 못하고 있다. _____

05 우리 집에서 학교까지는 택시로 **기본** 요금 거리이다. _____

11 다음 한자의 진하게 표시한 획은 몇 번째 쓰는지 보기 에서 찾아 그 번호를 쓰세요.

> 보기
> ❶ 첫 번째　　❷ 두 번째
> ❸ 세 번째　　❹ 네 번째
> ❺ 다섯 번째　❻ 여섯 번째
> ❼ 일곱 번째　❽ 여덟 번째
> ❾ 아홉 번째　❿ 열 번째

01 基 ☐　02 筆 ☐　03 耳 ☐

州
首
團
基
局
望
到
着
雲
耳
筆
念

2

1 다음 한자와 음(소리)이 같은 한자를 고르세요.

01 州 ☐
　❶ 首　❷ 主　❸ 秋　❹ 到

02 首 ☐
　❶ 數　❷ 算　❸ 筆　❹ 耳

03 基 ☐
　❶ 局　❷ 念　❸ 氣　❹ 雲

2 다음 한자의 뜻으로 알맞은 것을 고르세요.

01 到 ☐
　❶ 이롭다　❷ 걷다　❸ 이르다　❹ 오르다

02 着 ☐
　❶ 보다　❷ 듣다　❸ 떼다　❹ 붙다

03 團 ☐
　❶ 도착하다　❷ 헤어지다　❸ 둥글다　❹ 바라다

3 다음 한자와 뜻이 반대되거나 상대되는 한자를 고르세요.

01 尾 꼬리 미(준3급) ☐
　❶ 筆　❷ 首　❸ 自　❹ 雲

4 보기 의 단어들과 가장 관련이 깊은 한자를 고르세요.

보기　면봉　라디오　토끼

01 ❶ 足　❷ 耳　❸ 念　❹ 筆 ☐

보기　흰색　솜사탕　하늘

02 ❶ 雲　❷ 電　❸ 州　❹ 局 ☐

5 다음 한자어의 독음(소리)으로 알맞은 것을 고르세요.

01 着手 ☐
　❶ 착모　❷ 착수　❸ 절반　❹ 가수

02 待望 ☐
　❶ 대신　❷ 대망　❸ 특별　❹ 사망

03 名筆 ☐
　❶ 명소　❷ 각필　❸ 명필　❹ 각자

6 안에 들어갈 알맞은 한자를 고르세요.

01 교장선생님은 **덕망** 이 높은 분이다.
　❶ 德望　❷ 藥局　❸ 時局　❹ 所望

02 국군의 날 **기념** 행사가 열렸다.
　❶ 念頭　❷ 基本　❸ 雲集　❹ 記念

7 다음 한자의 훈과 음을 한글로 쓰세요.

01 念　훈＿＿＿＿＿　음＿＿＿＿

02 筆　훈＿＿＿＿＿　음＿＿＿＿

03 團　훈＿＿＿＿＿　음＿＿＿＿

8 다음 훈과 음에 맞는 한자를 쓰세요.

01 고을 주 ☐　　**02** 판 국 ☐

03 터 기 ☐

9 다음 한자어의 독음을 한글로 쓰세요.

01 白雲　＿＿＿＿＿

02 念頭　＿＿＿＿＿

03 着用　＿＿＿＿＿

10 다음 밑줄 친 한자를 의미에 맞는 한자로 고쳐 쓰세요. (단, 음이 같은 한자로 고칠 것)

01 올림픽에 세계인들의 二目이 집중돼 있다. ☐

02 무리해서 일하더니 結國 병원에 입원까지 했다. ☐

03 기차의 道着을 알리는 벨소리가 울려 퍼졌다. ☐

11 다음 한자성어의 설명을 읽고 ☐ 에 들어갈 한자를 쓰세요.

☐ 雲之情 [망운지정]

구름을 바라보며 그리워하다, 고향을 떠난 자식이 부모를 그리워하는 마음.

*之 갈/어조사 지(준3급)

(12-13) 교재 106, 107쪽 교과서 한자어를 참고하여 풀어보세요.

12 다음 한자어의 알맞은 뜻을 고르세요.

家族 ☐

❶ 현장에 가서 직접 보고 조사함
❷ 마음속에서 일어나는 느낌이나 생각
❸ 생활에서 기쁨과 만족감을 느껴 흐뭇한 상태
❹ 부부를 중심으로 한, 친족 관계에 있는 사람들의 집단

13 ☐ 안에 들어갈 알맞은 한자어를 고르세요.

신문에 우리 학교에 대한 기사 가 크게 실렸다.

❶ 公共　❷ 記事　❸ 年表　❹ 便紙

3단계 허준과 백광현

허준은 뛰어난 의술로 어의가 되었지만 財物을 탐하지 않고 어떤 환자든 정성껏 치료했어요. 전염병이 퍼졌을 때는 지방에서 宿食하며 週末에도 수백 명의 환자들을 위해 의료 奉仕를 하기도 했어요. 그는 한의학의 元祖격인 중의학과 조선 의학을 체계적으로 정리한 <동의보감>을 편찬하여 의학 발전에 크게 기여했어요.

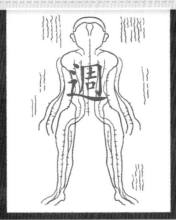

문장 힌트를 읽고 그림 속에 숨은 한자를 찾아봅시다.

財	宿	週	末	仕	元	牛	馬	宅	價	勞	敬
재물 재	잘 숙	돌 주	끝 말	섬길 사	으뜸 원	소 우	말 마	집 택	값 가	일할 로	공경 경

백광현은 독학으로 침술을 익혀서 처음에는 牛馬의 병을 치료하는 수의사로 활동했어요.
침술을 익힌 후에는 사람에게 적용하기 시작했고 이웃 住宅가를 돌며 代價 없이 치료해
주었어요. 치료법이 없던 종기도 침술로 많은 사람을 살려내자, 환자들은 그의 勞苦에 진
심으로 敬意를 표했어요.

원(元)조 식당이 **가(價)**격은 비싸지만 더 맛있어요.

값 가

부수	亻(사람인 변)
획수	총 15획
中	价(jià) 지아
약자	価

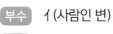

人 + 賈 형성

'값 가'는 사람이 재화를 펼쳐 놓고 물건을 판매하는 것을 그린 모양으로 사람과 사람 사이의 거래라는 의미를 가지고 있어요.

으뜸 원

부수	儿(어진 사람인 발)
획수	총 4획
中	元(yuán) 위엔

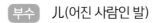

二 + 儿 회의

'으뜸 원'은 사람 머리 위에 선이 그려진 모습으로 우두머리라는 의미를 가지고 있어요.

교과서 속 숨은 한자

사회
低 價
低 낮을 저

저가 : 싼 값

과학
元 素
素 본디 소

원소 : 물건을 만들어 내는 근본이 되는 것

도덕
價 值
値 값 치

가치 : 사람이나 사물이 지니고 있는 쓸모

사회
元 首
首 머리 수

원수 : 한 나라를 다스리는 최고 권력자

국어
評 價
評 평할 평

평가 : 사물의 가치나 수준을 평함

도덕
元 來
來 올 래(내)

원래 : 사물이 전하여 내려온 그 처음, 본디

쓰는 순서에 맞게 예쁘게 따라 쓰세요.

총 15획 價 價 價 價 價 價 價 價 價 價 價 價 價 價 價

價	價					
값 가						

총 4획 元 元 元 元

元	元					
으뜸 원						

다음 한자와 발음이 같은 한자를 찾아 ○하세요.

元 以 園 遠   價 家 便 歌

문장을 읽고 밑줄 친 한자의 독음을 써보세요.

01 여러 국가의 <u>元首</u>들이 모여 세계의 환경에 대해 논의했습니다.

02 사회 구성원들이 모두 법을 잘 지킬 때 그 <u>價値</u>가 더욱 빛이 납니다.

03 우리는 위인전을 읽으면서 인물의 삶을 <u>評價</u>합니다.

04 가장 나다운 것 그것이 아름다움의 <u>元來</u> 의미입니다.

영화의 결**말(末)**은 관객의 마음을 위로(**勞**)하였어요.

勞
일할 로

부수	力(힘 력)
획수	총 12획
中	劳(láo) 라오
약자	労

力 + 熒 형성

'일할 로'는 등불 아래서 열심히 일하는 모습을 그린 모양으로 일하다라는 의미를 가지고 있어요.

末
끝 말

부수	木(나무 목)
획수	총 5획
中	末(mò) 모

木 + 一 지사

'끝 말'은 나무와 끝부분을 가리키는 부호를 그린 모양으로 끝이라는 의미를 가지고 있어요.

 교과서 속 숨은 한자

사회
勞 動
'勞'가 단어 첫머리에 올 때는 '노'로 읽어요.
動 움직일 동

노동 : 몸을 움직여 일함

국어
慰 勞
慰 위로할 위

위로 : 힘듦과 슬픔을 달래 줌

국어
疲 勞
疲 피곤할 피

피로 : 몸이나 마음이 지쳐서 힘듦

사회
終 末
終 마칠 종

종말 : 맨 끝

과학
粉 末
粉 가루 분

분말 : 가루

국어
顚 末
顚 엎드러질 전

전말 : 일의 처음부터 끝까지의 경과

쓰는 순서에 맞게 예쁘게 따라 쓰세요.

총 12획	勞 勞 勞 勞 勞 勞 勞 勞 勞 勞 勞 勞					

勞	勞					
일할 로						

총 5획	末 末 末 末 末					

末	末					
끝 말						

다음 한자와 의미가 반대인 한자를 찾아 ○하세요.

勞　使　力

末　本　終

문장을 읽고 빈칸에 들어갈 알맞은 한자를 써넣어 한자어를 완성하세요.

01 사람들은 자신의 고단한 삶을 慰 ☐ 받고 싶어합니다.

02 허준은 여러 사람들의 병을 치료해주고 疲 ☐ 한 몸을 이끌고 집으로 돌아왔습니다.

03 과학실에는 여러가지 粉 ☐ 이 있는데 모두 함부로 먹으면 안 됩니다.

04 1999년에는 지구 終 ☐ 론이 유행을 했습니다.

3

價
元
勞
末
牛
敬
仕
宅
馬
宿
財
週

우(牛)이독경의 경은 공경하다의 경(敬)이 아니예요.

소 우

부수	牛(소 우)
획수	총 4획
中	牛(niú) 니우

상형

'소 우'는 뿔이 달린 소의 머리 부분을 그린 모양으로 소라는 의미를 가지고 있어요.

공경 경

부수	攵(등글월문)
획수	총 13획
中	敬(jìng) 징

苟 + 攵 회의

'공경 경'은 귀를 쫑긋 세운 개와 막대를 든 손을 그린 모양으로 예의를 갖추도록 하다라는 의미를 가지고 있어요.

교과서 속 숨은 한자

사회

牛 馬   馬 말 마

우마 : 소와 말

국어

韓 牛   韓 한국 한

한우 : 우리나라에서 예전부터 기른 소의 한 품종

국어

牛 乳   乳 젖 유

우유 : 소의 젖

도덕

敬 老   老 늙을 로(노)

경로 : 노인을 공경함

도덕

尊 敬   尊 높을 존

존경 : 다른 사람의 생각이나 행동을 공경함

국어

恭 敬   恭 공손할 공

공경 : 공손히 받들어 모심

쓰는 순서에 맞게 예쁘게 따라 쓰세요.

| 총 4획 | 牛 牛 牛 牛 |

牛	牛					
소 우						

| 총 13획 | 敬 敬 敬 敬 敬 敬 敬 敬 敬 敬 敬 敬 敬 |

敬	敬					
공경 경						

 다음 그림에서 설명하는 한자가 어떤 것인지 찾아 ○하세요.

 　午　牛　生　　　放　敎　敬

 다음 문장의 밑줄 친 부분에 들어갈 알맞은 한자를 쓰세요.

01 이순신 장군은 모두에게 **존경** 받는 위대한 장군입니다.

02 부모를 **공경**하는 것이 자식의 도리입니다.

03 소비 기한이 지난 **우유**는 마시지 않는 것이 좋습니다.

04 옛날에는 **우마**차를 이용해서 짐을 날랐습니다.

방학 때 고**택(宅)**을 정리하는 봉**사(仕)** 활동에 참여했어요.

부수	亻(사람인변)
획수	총 5획
中	仕(shì) 스*

人 + 士 형성

섬길 사

'섬길 사'는 고대 관리들이 가지고 다니던 무기와 사람을 그린 모양으로 임금을 모시던 관리라는 의미를 가지고 있어요.

부수	宀(갓머리)
획수	총 6획
中	宅(zhái) 쟈이*

상형

집 택

'집 택'은 집안에 뿌리 내리고 있는 초목을 그린 모양으로 집, 터전이라는 의미를 가지고 있어요.

교과서 속 숨은 한자

도덕

奉 **仕**   奉 받들 봉

봉사 : 남을 위하여 힘을 씀

사회

出 **仕**   出 날 출

출사 : 벼슬을 하여 출근함

사회

仕 路   路 길 로

사로 : 벼슬을 하는 길

사회

住 **宅**   住 살 주

주택 : 사람이 살 수 있게 만든 집

사회

古 **宅**   古 예 고

고택 : 옛날에 지은 오래된 집

과학

宅 配   配 나눌 배

택배 : 물건을 직접 배달해 주는 일

쓰는 순서에 맞게 예쁘게 따라 쓰세요.

총 5획 仕 仕 仕 仕 仕

仕	仕				
섬길 사					

총 6획 宅 宅 宅 宅 宅 宅

宅	宅				
집 택					

 다음 한자와 의미가 유사한 한자를 찾아 ○하세요.

仕　價　奉　任

宅　堂　空　當

 다음 문장의 한자 중에서 틀린 글자를 찾아 ○하고 바르게 고치세요.

01 자식의 **道理**를 다하려고 **出使**를 사양한다면 상감인들 별수가 있겠느냐?

02 과거 시험에 **合格**하지 못하여 그는 **社路**에 오르지 못했습니다.

03 **全州**의 한옥마을에 가면 아름다운 **古安**이 많습니다.

04 **家配**를 보내기 위해 **電子** 저울로 무게를 측정합니다.

마(馬)구간은 말의 숙(宿)소입니다.

馬

말 마

부수   馬(말 마)
획수   총 10획
中   马(mǎ) 마

상형

'말 마'는 말을 그린 모양으로 말이라는 의미를 가지고 있어요.

宿

잘 숙

부수   宀(갓머리)
획수   총 11획
中   宿(sù) 수

宀 + 佰 형성

'잘 숙'은 집 안에 누워있는 사람을 그린 모양으로 자다, 숙박하다라는 의미를 가지고 있어요.

교과서 속 숨은 한자

국어

馬 車   車 수레 차

마차 : 말이 끄는 수레

사회

天 馬 塚   天 하늘 천
  塚 무덤 총

천마총 : 경상북도 경주에 있는 신라 때의 무덤

사회

馬 房   房 방 방

마방 : 마구간의 설비를 갖춘 주막집

사회

宿 所   所 바 소

숙소 : 집을 떠난 사람이 잠시 묵는 곳

사회

宿 泊   泊 머무를 박

숙박 : 여관이나 호텔 등에서 잠을 자고 머무름

사회

寄 宿 舍   寄 부칠 기
  舍 집 사

기숙사 : 학생들에게 싼값으로 숙식을 제공하는 시설

쓰는 순서에 맞게 예쁘게 따라 쓰세요.

총 10획 馬馬馬馬馬馬馬馬馬馬

馬	馬					
말 마						

총 11획 宿宿宿宿宿宿宿宿宿宿宿

宿	宿					
잘 숙						

3

價元勞末牛敬仕宅馬宿財週

 다음 한자의 훈(뜻)과 음(소리)을 쓰세요.

馬 훈 _____ 음 _____

宿 훈 _____ 음 _____

 다음 의미에 해당하는 한자에 ○하세요.

01 말이 끄는 수레 　　　　馬車　牛車

02 경상북도 경주에 있는 신라 때 무덤 　　千馬塚　天馬塚

03 집을 떠난 사람이 잠시 묵는 곳 　　宿所　教室

04 학생들에게 싼 값으로 숙식을 제공하는 시설 　校長室　寄宿舍

주(週) 말에 박물관에서 문화재(財)를 구경했어요.

財
재물 재

부수	貝(조개 패)
획수	총 10획
中	財(cái) 차이

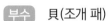

貝 + 才 형성

'재물 재'는 조개와 땅에서 올라오는 새싹을 그린 모양으로 재능이라는 의미를 가졌다가 후에 재물이라는 의미를 가지게 되었어요.

週
돌 주

부수	辶(책받침)
획수	총 12획
中	周(zhōu) 쯔우*

辶 + 周 형성

'돌 주'는 논밭 아래에 발을 그린 모양으로 돌아다니다 라는 의미를 가지고 있어요.

교과서 속 숨은 한자

국어

財 力
力 힘 력(역)

재력 : 재물의 힘

사회
財 物
物 물건 물

재물 : 돈이나 값비싼 물건

사회

財 貨
貨 재물 화

재화 : 사람이 바라는 것을 충족시켜 주는 모든 물건

사회
週 末
末 끝 말

주말 : 한 주일의 끝 무렵

도덕
一 週 日
一 한 일
日 날 일

일주일 : 한 주일, 또는 칠 일

과학

週 期
期 기약할 기

주기 : 어떤 것이 한 바퀴 도는 데 걸리는 시간

쓰는 순서에 맞게 예쁘게 따라 쓰세요.

총 10획 財 財 財 財 財 財 財 財 財 財

財	財				
재물 재					

총 12획 週 週 週 週 週 週 週 週 週 週 週 週

週	週				
돌 주					

 다음 한자와 발음이 같은 한자를 찾아 ○하세요.

財 在 寸

週 調 畫

 다음 문장의 밑줄 친 부분에 들어갈 알맞은 한자를 쓰세요.

01 주말이 되면 할머니 댁으로 놀러 갑니다.

02 은행나무 앞 기와집에는 우리 동네에서 재력이 가장 큰 영감이 살고 있어요.

03 일주일간 자신의 활동을 정리하여 발표해 봅시다.

04 그는 열심히 노력하여 많은 재물을 모았습니다.

1 백광현이 치료한 말 위의 모음과 자음을 조합하여 어떤 한자음이 만들어지는지 음을 쓰고 알맞은
   한자를 연결하세요.

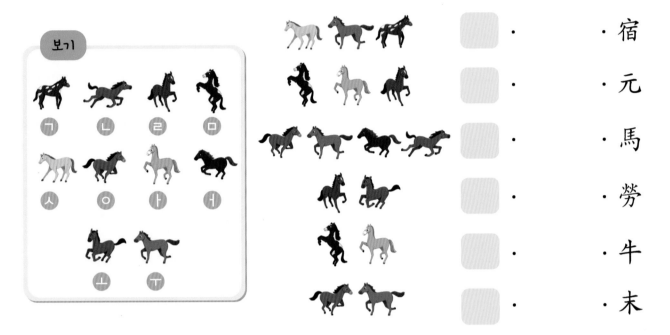

2 한자가 둘로 나누어져 있어요. 연결해서 한자를 완성하고 훈(뜻)과 음(소리)을 쓰세요.

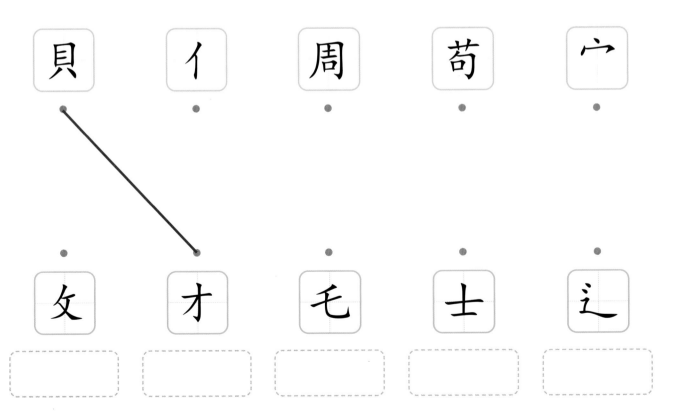

3 허준이 여러 지역을 다니며 백성들의 병을 고쳐주고 있어요. 의미에 해당하는 한자어를 찾아 병을 고칠 수 있도록 도와주세요.

價 元 勞 末 牛 敬 仕 宅 馬 宿 財 週

4 다음 그림에 해당하는 한자어를 찾아 ○ 하세요.

1 다음 한자의 훈과 음을 쓰세요.

01 價 훈_____ 음_____

02 仕 훈_____ 음_____

03 宅 훈_____ 음_____

2 다음 훈과 음을 가진 한자를 쓰세요.

01 소 우 [　] 02 끝 말 [　]

03 으뜸 원 [　]

3 교재 50, 52쪽을 참고하여 다음 한자의 약자(略字, 획수를 줄인 한자)를 쓰세요.

01 價 → [　] 02 勞 → [　]

4 다음 밑줄 친 한자어의 독음을 쓰세요.

01 군인들이 대장을 보자마자 손을 들어 **敬禮**를 했다. [　]

02 부모님이 물려준 **財産**을 형제들과 나누어 가졌다. [　]

03 국가대표 선수들은 선수촌에서 **合宿**하며 훈련한다. [　]

04 선생님의 **勞苦**에 감사하는 마음으로 선물을 준비했다. [　]

05 그 상점은 **每週** 월요일에 문을 닫는다. [　]

5 다음 밑줄 친 한자와 뜻이 반대(또는 상대)되는 한자를 보기에서 찾아 쓰세요.

보기 | 牛 勞 老 財

01 이 회사는 [　]使 간의 화합이 잘 되는 회사로 손꼽힌다.

6 다음 밑줄 친 한자와 뜻이 같거나 비슷한 한자를 보기에서 찾아 쓰세요.

보기 | 仕 宿 宅 元

01 도서관에서 **奉**[　] 활동에 참가할 사람을 모집 중이다.

02 경찰은 범인으로 지목된 사람의 **家**[　]을 수색하였다.

7 다음 제시한 한자어와 뜻에 맞는 동음어를 찾아 번호를 쓰세요.

보기
❶ 苦生 ❷ 敬老 ❸ 週間
❹ 高價 ❺ 奉仕 ❻ 功勞

01 古家- ☐ : 비싼 가격

02 晝間- ☐ : 월요일부터 일요일까 지 한 주일 동안

03 公路- ☐ : 목적을 이루는 데에 들 인 노력이나 수고

8 다음 뜻에 맞는 한자어를 보기 에서 찾아 번 호를 쓰세요.

보기
❶ 代價 ❷ 財團
❸ 住所 ❹ 宅地

01 집을 지을 땅 ☐

02 물건을 산 대신의 값, 물건 값으로 치 르는 돈 ☐

9 다음 성어의 뜻에 맞게 빈칸에 들어갈 한자를 보기 에서 찾아 쓰세요.

보기   牛 勞 馬 敬

01 ☐ 天愛人 [경천애인] : 하늘을 공경하고 사람을 사랑함

02 ☐ 耳東風 [마이동풍] : 동풍이 말의 귀를 스쳐간다, 남의 말을 귀담 아 듣지 않고 흘려 버림

10 다음 밑줄 친 단어를 한자로 쓰세요.

01 마을에서 열린 **경로**잔치에 많은 어르 신이 참석하셨다. _____

02 나는 가진 **재물**은 적어도 마음은 넉 넉한 사람이다. _____

03 서울 신당동에 우리나라 **원조** 떡볶이 집이 있다고 한다. _____

04 이번 여행은 지하철역에서 가까운 **숙 소**를 예약했다. _____

05 지난 **주말**에 가족과 함께 극장에 가 서 영화를 보았다. _____

11 다음 한자의 진하게 표시한 획은 몇 번째 쓰는지 보기 에서 찾아 그 번호를 쓰세요.

보기
❶ 첫 번째   ❷ 두 번째
❸ 세 번째   ❹ 네 번째
❺ 다섯 번째   ❻ 여섯 번째
❼ 일곱 번째   ❽ 여덟 번째
❾ 아홉 번째   ❿ 열 번째

01 宅 ☐   **02** 仕 ☐   **03** 週 ☐

1 다음 한자와 음(소리)이 같은 한자를 고르세요.

01 牛 ☐
　❶元　❷仕　❸左　❹友

02 財 ☐
　❶題　❷在　❸價　❹宿

03 週 ☐
　❶秋　❷敬　❸末　❹主

2 다음 한자의 뜻으로 알맞은 것을 고르세요.

01 勞 ☐
　❶지나다　❷섬기다　❸일하다　❹받들다

02 宅 ☐
　❶학교　❷회사　❸집　❹교실

03 敬 ☐
　❶공경하다　❷옮기다　❸사귀다　❹살다

3 다음 한자와 뜻이 반대되거나 상대되는 한자를 고르세요.

01 本 ☐
　❶仕　❷末　❸元　❹週

4 보기 의 단어들과 가장 관련이 깊은 한자를 고르세요.

보기　몽골　승마　초원

01 ❶價　❷財　❸宿　❹馬 ☐

보기　우유　고기　코뚜레

02 ❶午　❷牛　❸敬　❹宅 ☐

5 다음 한자어의 독음(소리)으로 알맞은 것을 고르세요.

01 宿命 ☐
　❶운명　❷숙박　❸가택　❹숙명

02 元首 ☐
　❶원수　❷원조　❸우수　❹완수

03 奉仕 ☐
　❶군사　❷봉양　❸봉사　❹가사

6 ▨ 안에 들어갈 알맞은 한자를 고르세요.

01 밭농사는 정말 힘든 **노동** 이다.
　❶價格　❷勞動　❸運動　❹敬老

02 그는 외국에서 살다가 **말년** 에 고향으로 돌아왔다.
　❶末年　❷每年　❸元老　❹財物

7 다음 한자의 훈과 음을 한글로 쓰세요.

01 財 훈_____ 음_____

02 勞 훈_____ 음_____

03 敬 훈_____ 음_____

8 다음 훈과 음에 맞는 한자를 쓰세요.

01 잘 숙 ☐   02 말 마 ☐

03 섬길 사 ☐

9 다음 한자어의 독음을 한글로 쓰세요.

01 勞苦 _____

02 財團 _____

03 元老 _____

10 다음 밑줄 친 한자를 의미에 맞는 한자로 고쳐 쓰세요. (단, 음이 같은 한자로 고칠 것)

01 주문한 물건이 一住日 만에 도착했다. ☐

02 오늘 저녁 메뉴는 韓右 불고기로 정했다. ☐

11 다음 한자성어의 설명을 읽고 ☐ 에 들어갈 한자를 쓰세요.

☐老孝親 [경로효친]
어른을 공경하고 부모에게 효도함.

(12-13) 교재 108, 112쪽 교과서 한자어를 참고하여 풀어보세요.

12 다음 한자어의 알맞은 뜻을 고르세요.

反省 ☐

❶ 사물들의 규칙적인 배치나 배열
❷ 돈이나 금을 은행 등의 금융 기관에 맡김
❸ 나라에서 지정하여 법률로 보호하는 문화재
❹ 스스로 잘못이나 부족함이 없는지 돌이켜 봄

13 ☐ 안에 들어갈 알맞은 한자어를 고르세요.

합창대원들이 목소리를 합쳐 아름다운 화음 을 냈다.

❶ 銀行   ❷ 音樂   ❸ 約束   ❹ 和音

정조와 정약용

정조는 왕을 보호하고 궁궐을 지키는 군대인 장용영을 만들어 順調롭게 왕의 힘을 키워 나갔어요.

전국에 廣告하여 地位와 신분에 상관없이 인재를 선발하고, 항상 백성의 소리에 귀를 기울였어요.

정조는 조선 후기의 가장 화려하고 幸福한 부흥기를 선도한 임금이라고 해도 過言이 아니에요.

문장 힌트를 읽고 그림 속에 숨은 한자를 찾아봅시다.

順	廣	告	位	福	過	舊	客	觀	己	羊	典
순할 순	넓을 광	고할 고	자리 위	복 복	지날 과	예 구	손 객	볼 관	몸 기	양 양	법 전

정약용은 舊式 학문에서 벗어나 客觀적인 사실과 실용정신을 강조하는 실학 배우자고 강조
했어요. 화성을 축조할 때는 自己가 직접 만든 거중기로 공사기간을 단축하고, 임금님 행차
에 이용할 배다리도 만들었어요. 유배생활 중에 집필한 목민심서는 '목자는 백성을 羊떼처럼
돌봐야 한다'는 뜻으로 최고의 古典으로 평가받고 있어요.

기중기 덕분에
성 쌓기가 훨씬
쉬워졌어.

이 속도면 2년 안에
완성할 수 있겠는 걸.

광(廣)장에 커다란 복(福)이 쓰인 현수막이 걸렸습니다.

넓을 광

부수	广(집 엄)
획수	총 15획
中	广(guǎng) 광
약자	広

广 + 黃 형성

'넓을 광'은 황제가 사는 넓은 궁전을 그린 모양으로 넓다라는 의미를 가지고 있어요.

복 복

부수	示(보일 시)
획수	총 14획
中	福(fú) 푸

示 + 畐 회의

'복 복'은 제단에 놓여진 술잔에 술을 따르는 모습으로 복, 행복이라는 의미를 가지고 있어요.

교과서 속 숨은 한자

국어

廣 告
告 고할 고

광고 : 널리 알림

국어
廣 場
場 마당 장

광장 : 많은 사람이 모일 수 있는 넓은 마당

국어

廣 大
大 큰 대

광대 : 크고 넓음

사회
福 祉
祉 복 지

복지 : 행복한 삶

국어
冥 福
冥 어두울 명

명복 : 죽은 뒤 저승에서 받는 복

도덕

祝 福
祝 빌 축

축복 : 행복을 빎

쓰는 순서에 맞게 예쁘게 따라 쓰세요.

| 총 15획 | 廣 廣 廣 廣 廣 廣 廣 廣 廣 廣 廣 廣 廣 廣 廣 |

廣	廣					
넓을 광						

| 총 14획 | 福 福 福 福 福 福 福 福 福 福 福 福 福 福 |

福	福					
복 복						

 다음 한자와 발음이 같은 한자를 찾아 ○하세요.

廣 光 黃   福 服 禮

 문장을 읽고 밑줄 친 한자의 독음을 써보세요.

01 노인들이 건강하게 살 수 있도록 돕는 <u>福祉</u> 제도의 마련이 필요합니다.

02 조선 시대에는 부모님이 돌아가시면 삼 년간 부모님의 <u>冥福</u>을 빌었습니다.

03 탐사선의 탐색 결과, 화성의 <u>廣大</u>한 표면 아래에는 얼음이 있었습니다.

04 <u>廣場</u>에는 많은 사람들이 모여 있습니다.

과(過)거의 잘못을 모두 고(告)백했어요.

지날 과

부수 辶(책받침)

획수 총 13획

中 过(guò) 구어

辶 + 咼 형성

'지날 과'는 길을 걷고 있는 발을 그린 모양으로 지나가다, 초과하다라는 의미를 가지고 있어요.

고할 고

부수 口(입 구)

획수 총 7획

中 告(gào) 가오

牛 + 口 회의

'고할 고'는 제사를 지낼 때 말하는 입과 제물이 되는 소를 그린 모양으로 알리다, 고하다는 의미를 가지고 있어요.

교과서 속 숨은 한자

過 程
程 한도 정

과정 : 일이 되어 가는 경로

過 速
速 빠를 속

과속 : 자동차가 달리는 속도를 너무 빠르게 함

通 過
通 통할 통

통과 : 어떤 곳이나 때를 거쳐서 지나감

申 告
申 거듭 신

신고 : 어떤 사실을 공공 기관에 알림

警 告
警 깨우칠 경

경고 : 조심하거나 삼가도록 미리 주의를 줌

宣 告
宣 베풀 선

선고 : 법률에서 재판장이 판결을 알리는 일

쓰는 순서에 맞게 예쁘게 따라 쓰세요.

총 13획 過 過 過 過 過 過 過 過 過 過 過 過 過

過	過					
지날 과						

총 7획 告 告 告 告 告 告 告

告	告					
고할 고						

 다음 한자와 의미가 유사한 한자를 찾아 ○하세요.

過　　歷　遠　行　　　　　告　　吉　白　答

 다음 문장의 한자 중에서 틀린 글자를 찾아 ○ 하고 바르게 고치세요.

01 物體가 정해진 구간을 通科하는 데 걸린 時間을 측정했습니다.

02 住民 센터에서는 주민등록증 발급, 전입 申高 등의 일을 합니다.

03 果速 방지턱이 있으므로 自動車의 속도를 낮추어야 합니다.

04 朝鮮軍은 초지진 주변 해안에서 日本 군함에 대포를 쏘아 警古했습니다.

*초지진 : 조선 시대에, 해상으로부터 침입하는
적을 막기 위해 구축한 요새를 말해요.

물건을 사러 온 고객(客)과 친구(舊)가 되었어요.

예 구

부수	臼(절구 구)
획수	총 18획
中	旧(jiù) 지우
약자	旧

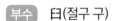

상형

'예 구'는 수리부엉이를 그린 모양으로 수리부엉이를 의미했지만, 지금은 오랠 구와 음이 같아 가차되어 사용하고 있어요.

손 객

부수	宀(갓머리)
획수	총 9획
中	客(kè) 크어

宀 + 各 형성

'손 객'은 집으로 들어오는 발을 그린 모양으로 우리 집에 잠시 머무르는 손님이라는 의미를 가지고 있어요.

교과서 속 숨은 한자

국어

舊 面
面 낯 면

구면 : 예전부터 알고 있는 사이

국어

親 舊
親 친할 친

친구 : 가깝게 오래 사귄 사람

사회

舊 正
正 바를 정

구정 : 음력 설, 음력 1월 1일

국어

客 觀
觀 볼 관

객관 : 제삼자의 입장에서 사물을 보거나 생각함

도덕

客 席
席 자리 석

객석 : 손님이 앉는 자리

사회

乘 客
乘 탈 승

승객 : 차, 배, 비행기 등을 타는 손님

쓰는 순서에 맞게 예쁘게 따라 쓰세요.

총 18획 舊 舊 舊 舊 舊 舊 舊 舊 舊 舊 舊 舊 舊 舊 舊 舊 舊 舊

舊	舊						
예 구							

총 9획 客 客 客 客 客 客 客 客 客

客	客						
손 객							

 다음 한자와 의미가 반대인 한자를 찾아 ○하세요.

舊 新 用 區

客 主 魚 線

 문장을 읽고 빈칸에 들어갈 알맞은 한자를 써넣어 한자어를 완성하세요.

01 경로잔치의 [　] 席은 어르신들로 가득 찼습니다.

02 터미널에는 버스를 기다리는 乘 [　] 이 아주 많습니다.

03 이번 주에는 親 [　] 들과 친하게 지내자는 주제로 회의를 했습니다.

04 [　] 正에는 복을 기원하고 나쁜 일을 몰아내는 풍속이 있습니다.

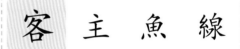

정조와 정약용 **75**

기(己)미년은 양(羊)띠 해입니다.

몸 기

부수	己(몸 기)
획수	총 3획
中	己(jǐ) 지

상형

'몸 기'는 구부러진 새끼줄을 그린 모양으로 자신이라는 의미를 가지고 있어요.

양 양

부수	羊(양 양)
획수	총 6획
中	羊(yáng) 양

상형

'양 양'은 양의 머리를 그린 모양으로 양이라는 의미를 가지고 있어요.

교과서 속 숨은 한자

 사회

自 **己** 自 스스로 자

자기 : 그 사람, 자신

도덕

克 **己** 克 이길 극

극기 : 자기의 감정이나 욕심을 억지로 눌러서 이김

국어

利 **己** 心 利 이로울 리(이)
　　　　　　心 마음 심

이기심 : 자기의 이익만을 생각하는 마음

 사회

羊 毛 毛 터럭 모

양모 : 양의 털

국어

山 **羊** 山 메 산

산양 : 몸의 털 색은 회갈색이며 검은색 뿔이 있는 동물

국어

羊 皮 紙 皮 가죽 피
　　　　　　紙 종이 지

양피지 : 양가죽으로 만든, 글을 쓰는 데 사용하는 재료

쓰는 순서에 맞게 예쁘게 따라 쓰세요.

총 3획	己 己 己

己	己				
몸 기					

총 6획	羊 羊 羊 羊 羊 羊

羊	羊				
양 양					

廣福過告舊客己羊順典觀位

 다음 사자성어의 빈칸에 들어갈 알맞은 한자를 쓰세요.

01 十年知[　]

오래전부터 친하게 지내어 온 친구

02 [　]質虎皮

속은 양이고 가죽은 호랑이, 겉모양만 꾸밈

*虎 범 호(준3급) / 皮 가죽 피(준3급)

 다음 문장의 빈칸에 알맞은 한자어에 ○ 하세요.

01 먹이를 구하지 못한 세 마리의 [山羊 ┊ 山所] 이 죽은 채 발견되었습니다.

02 서양에서는 중세 시대에 대부분 [牛皮紙 ┊ 羊皮紙] 에 글을 썼습니다.

03 [他人 ┊ 自己] 자신을 항상 사랑해야 합니다.

04 나만 생각하는 [利己心 ┊ 安心] 을 넘어서 남을 돌볼 줄 알아야 합니다.

사전(**典**)을 보며 한자를 쓰는 순(**順**)서를 익혔습니다.

順

순할 순

부수	頁(머리 혈)
획수	총 12획
中	順(shùn) 순*

川 + 頁 회의

'순할 순'은 물이 흐르는 것을 보는 사람을 그린 모양으로 물 흐르듯이 순조롭다는 의미를 가지고 있어요.

典

법 전

부수	八(여덟 팔)
획수	총 8획
中	典(diǎn) 디엔

冊 + 廾 회의

'법 전'은 죽간을 받들고 있는 손을 그린 모양으로 매우 중요한 책이라는 의미를 가지고 있어요.

교과서 속 숨은 한자

 수학

順 序
序 차례 서

순서 : 정해진 기준에 따른 차례

 국어

順 位
位 자리 위

순위 : 차례나 순서를 나타내는 위치나 지위

 사회

順 調
調 고를 조

순조 : 일이 문제없이 잘 되어 가는 상태

 국어

辭 典
辭 말씀 사

사전 : 낱말을 모아서 일정한 순서로 배열한 책

사회

典 型
型 모형 형

전형 : 집단의 특징을 가장 잘 나타내는 것

 사회

經 典
經 지날 경

경전 : 성현의 말을 적은 책

쓰는 순서에 맞게 예쁘게 따라 쓰세요.

총 12획 順 順 順 順 順 順 順 順 順 順 順 順

順	順					

순할 순

총 8획 典 典 典 典 典 典 典 典

典	典					

법 전

4

廣
福
過
告
舊
客
己
羊
順
典
觀
位

 다음 한자의 훈(뜻)과 음(소리)을 쓰세요.

順 훈 _____ 음 _____

典 훈 _____ 음 _____

 다음 의미에 해당하는 한자어에 ○하세요.

01 낱말을 모아서 일정한 순서로 배열한 책

事典 ┊ 辭典

02 차례나 순서를 나타내는 위치나 지위

順位 ┊ 順調

03 일이 문제없이 잘 되어 가는 상태

順調 ┊ 順序

04 집단의 특징을 가장 잘 나타내는 것

全形 ┊ 典型

가치**관(觀)**에 따라 일의 우선 순**위(位)**가 정해집니다.

觀
볼 관

부수	見(볼 견)
획수	총 25획
中	观(guān) 꾸안
약자	覌·観·观

萑 + 見 형성

'볼 관'은 큰 눈과 눈썹이 도드라지는 황새를 보고 있는 사람을 그린 모양으로 넓게 보다라는 의미를 가지고 있어요.

位
자리 위

부수	亻(사람인변)
획수	총 7획
中	位(wèi) 웨이

亻 + 立 회의

'자리 위'는 사람이 서 있는 모습을 그린 모양으로 지위, 직위라는 의미를 가지고 있어요.

교과서 속 숨은 한자

과학
觀 測
測 헤아릴 측

관측 : 눈이나 기계로 자연 현상을 관찰하여 추정하는 일

과학
觀 察
察 살필 찰

관찰 : 사물이나 현상을 자세히 살펴봄

사회
觀 覽
覽 볼 람

관람 : 연극, 영화, 경기 등을 구경함

사회
位 置
置 둘 치

위치 : 자리를 차지함

수학
單 位
單 홑 단

단위 : 길이, 무게 등을 수치로 나타낼 때의 기준

사회
退 位
退 물러날 퇴

퇴위 : 임금의 자리에서 물러남

쓰는 순서에 맞게 예쁘게 따라 쓰세요.

4

廣
福
過
告
舊
客
己
羊
順
典
觀
位

| 총 25획 | 觀 觀 觀 觀 觀 觀 觀 觀 觀 觀 觀 觀 觀 觀 觀 觀 觀 觀 觀 |

觀	觀					
볼 관						

| 총 7획 | 位 位 位 位 位 位 位 |

位	位					
자리 위						

다음 한자와 의미가 유사한 한자를 찾아 ○하세요.

位　　立　　席

觀　　見　　親

문장을 읽고 밑줄 친 한자의 독음을 써보세요.

01 추리할 때는 대상을 다양하게 <u>觀察</u>하고 이것을 바탕으로 추리해야 합니다.

02 문화유산을 답사할 때는 조용히 질서를 지키며 <u>觀覽</u>합니다.

03 도시는 교통이 발달해서 사람들의 이동이 편리한 곳에 <u>位置</u>합니다.

04 자동차가 달린 거리를 km <u>單位</u>로 나타내려고 합니다.

1 정약용이 만든 화성의 성벽에 한자의 조각이 나누어져 있어요. 훈음에 맞는 한자를 찾아 ○하고 완성된 한자를 쓰세요.

넓을 광	고할 고	예 구	법 전	지날 과

2 한자가 둘로 나누어져 있어요. 연결해서 한자를 완성하고 훈(뜻)과 음(소리)을 쓰세요.

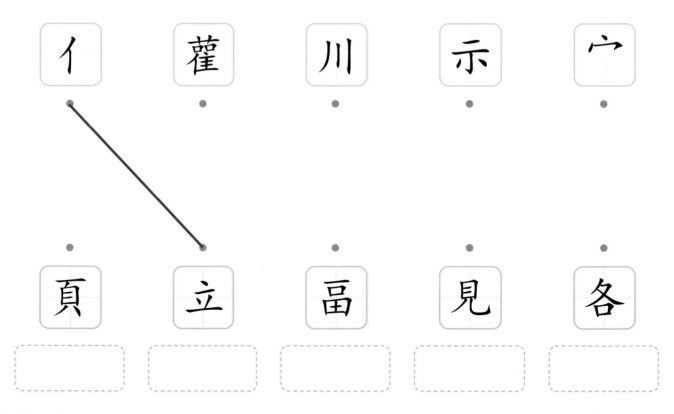

3 다음 의미를 보고 주어진 글자에서 그림과 어울리는 한자어를 찾으세요.

廣
福
過
告
舊
客
己
羊
順
典
觀
位

4 상황에 맞는 한자어를 사용했는지 판단하고 길을 따라갔을 때 받을 선물에 ○하세요.

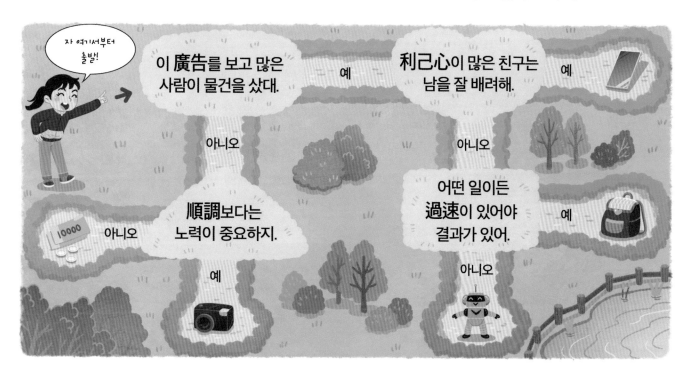

1 다음 한자의 훈과 음을 쓰세요.

01 客 훈_____ 음_____

02 順 훈_____ 음_____

03 己 훈_____ 음_____

2 다음 훈과 음을 가진 한자를 쓰세요.

01 자리 위 □

02 고할 고 □

03 양 양 □

3 교재 70, 74, 80쪽을 참고하여 다음 한자의 약자(略字, 획수를 줄인 한자)를 쓰세요.

01 廣 → □   02 舊 → □

03 觀 → □

4 다음 밑줄 친 한자어의 독음을 쓰세요.

01 현충일 행사가 **式順**에 따라 진행되었다. □

02 회사 직원이 **過勞**로 쓰러져서 병원에 입원했다. □

03 나는 시간 **觀念**이 철저하여 약속시간에 늦은 적이 없다. □

04 전봇대에 많은 **廣告**지가 지저분하게 붙어있다. □

05 부모는 항상 자식이 **幸福**하게 살기를 소망한다. □

5 다음 밑줄 친 한자와 뜻이 반대(또는 상대)되는 한자를 보기 에서 찾아 쓰세요.

보기   舊 己 過 福

01 감독은 **新**□ 세대가 모두 공감하는 작품을 만들어냈다.

02 업무에 대한 직원들의 **功**□ 를 따져서 상벌을 결정했다.

6 다음 밑줄 친 한자와 뜻이 같거나 비슷한 한자를 보기 에서 찾아 쓰세요.

보기   典 順 羊 告

01 한 학생이 도서관에서 **法**□ 을 들여다 보고 있다.

7 다음 제시한 한자어와 뜻에 맞는 동음어를 찾아 번호를 쓰세요.

보기 ❶ 口傳 ❷ 古典 ❸ 過失
      ❹ 區分 ❺ 過信 ❻ 舊式

01 苦戰- ⬜ : 옛날의 법식 또는 예전 작품으로 가치를 지닌 것들

02 口食- ⬜ : 예전의 방식이나 형식

03 果實- ⬜ : 부주의로 인하여 생긴 잘못이나 허물

8 다음 뜻에 맞는 한자어를 보기 에서 찾아 번호를 쓰세요.

보기 ❶ 告白 ❷ 美觀 ❸ 告別 ❹ 主觀

01 작별을 고함 ⬜

02 아름다워서 볼 만한 풍경 ⬜

9 다음 성어의 뜻에 맞게 빈칸에 들어갈 한자를 보기 에서 찾아 쓰세요.

보기 客 舊 己 位

01 主 ⬜ 一體 [주객일체] : 주인과 손님이 한 몸이다, 나와 나 밖의 대상이 하나가 됨을 말함

02 十年知 ⬜ [십년지기] : 오래전부터 친히 사귀어 잘 아는 사람

10 다음 밑줄 친 단어를 한자로 쓰세요.

01 거짓말한 것을 사실대로 **고백**했다.

_____

02 지도에 동서남북 **방위**가 잘 표시되어 있다. _____

03 상대방의 실력을 너무 **과소**평가하고 있다. _____

04 우리 언니는 **자기**가 맡은 일에 최선을 다한다. _____

05 그 사람의 주장은 **객관**적인 증거가 부족하다. _____

11 다음 한자의 진하게 표시한 획은 몇 번째 쓰는지 보기 에서 찾아 그 번호를 쓰세요.

보기 ❶ 첫 번째   ❷ 두 번째
      ❸ 세 번째   ❹ 네 번째
      ❺ 다섯 번째   ❻ 여섯 번째
      ❼ 일곱 번째   ❽ 여덟 번째
      ❾ 아홉 번째   ❿ 열 번째

01 典 ⬜ **02** 過 ⬜ **03** 廣 ⬜

1 다음 한자와 음(소리)이 같은 한자를 고르세요.

01 廣 ☐
　❶ 羊　❷ 光　❸ 場　❹ 觀

02 過 ☐
　❶ 果　❷ 家　❸ 客　❹ 字

03 典 ☐
　❶ 順　❷ 先　❸ 店　❹ 前

2 다음 한자의 뜻으로 알맞은 것을 고르세요.

01 位 ☐
　❶ 법　❷ 자리　❸ 몸　❹ 손님

02 觀 ☐
　❶ 지나다　❷ 순하다　❸ 보다　❹ 넓다

03 告 ☐
　❶ 고하다　❷ 서다　❸ 가다　❹ 낳다

3 다음 한자와 뜻이 반대되거나 상대되는 한자를 고르세요.

01 主 ☐
　❶ 廣　❷ 典　❸ 己　❹ 客

4 보기 의 단어들과 가장 관련이 깊은 한자를 고르세요.

보기　　　털　목장　뿔

01　❶ 過　❷ 位　❸ 羊　❹ 舊　☐

보기　　　단골　외상　접대

02　❶ 客　❷ 福　❸ 己　❹ 順　☐

5 다음 한자어의 독음(소리)으로 알맞은 것을 고르세요.

01 過速 ☐
　❶ 과로　❷ 경과　❸ 경로　❹ 과속

02 觀望 ☐
　❶ 관광　❷ 관화　❸ 관망　❹ 견광

03 順番 ☐
　❶ 천번　❷ 순번　❸ 국번　❹ 순서

6 ☐ 안에 들어갈 알맞은 한자를 고르세요.

01 터널을 **통과** 하자 차 안이 금세 환해졌다.
　❶ 過速　❷ 通過　❸ 功過　❹ 過勞

02 **친구** 와 함께 수영을 배우기로 했다.
　❶ 親舊　❷ 新舊　❸ 客觀　❹ 親口

7 다음 한자의 훈과 음을 한글로 쓰세요.

01 福 훈_____ 음_____

02 舊 훈_____ 음_____

03 廣 훈_____ 음_____

8 다음 훈과 음에 맞는 한자를 쓰세요.

01 법 전 ☐   02 몸 기 ☐

03 순할 순 ☐

9 다음 한자어의 독음을 한글로 쓰세요.

01 廣場 _____

02 觀光 _____

03 順理 _____

10 다음 밑줄 친 한자를 의미에 맞는 한자로 고쳐 쓰세요. (단, 음이 같은 한자로 고칠 것)

01 그 친구는 너무 利記적으로 행동해서 친구가 별로 없다. ☐

02 공연장 안이 關客들로 가득 찼다. ☐

11 다음 한자성어의 설명을 읽고 ☐ 에 들어갈 한자를 쓰세요.

以實直☐ [이실직고]

사실 그대로 고함

(12-13) 교재 106, 111쪽 교과서 한자어를 참고하여 풀어보세요.

12 다음 한자어의 알맞은 뜻을 고르세요.

觀察 ☐

❶ 값을 받고 상품을 팖
❷ 현장에 가서 직접 보고 조사함
❸ 연구나 조사의 바탕이 되는 자료
❹ 사물이나 현상을 주의하여 자세히 살펴봄

13 ☐ 안에 들어갈 알맞은 한자어를 고르세요.

친구는 선물을 받아 들고 행복 한 미소를 지었다.

❶ 分銅   ❷ 幸福   ❸ 投票   ❹ 讓步

廣福過告舊客己羊順典觀位

지석영과 주시경

지석영은 일본 旅行을 다녀온 스승에게서 천연두의 예방법에 대한 說明을 들었어요.

인체에 害惡을 끼치는 천연두로 인해 많은 어린이들이 죽자 종두법을 배우기 시작했어요.

그는 종두법을 처남에게 접종하여 성공을 거두었고 이후로 전국민이 접종에 同參하게 되었지요.

그럼요, 며칠 열이 났다가 나을 테니 너무 걱정하지 마세요.

선생님, 이거 맞으면 정말 마마 귀신이 안 붙는 거지요?

문장 힌트를 읽고 그림 속에 숨은 한자를 찾아봅시다.

旅	說	害	惡	參	課	兒	相	雨	歲
나그네 려	말씀 설	해할 해	악할 악	참여할 참	과정 과	아이 아	서로 상	비 우	해 세

주시경 선생은 우리말과 글을 연구하고 발전시키는 것이 민족의 가장 중요한 課題라고 느꼈어요. 한글교육이 필요한 兒童과 청소년들을 相對로 雨天에도 폭설에도 밤낮 가리지 않고 찾아가 가르쳤어요. 그는 38歲로 세상을 떠났지만 그의 노력은 제자들을 통해서 '한글맞춤법통일안' 제정이라는 결실을 맺었어요.

여(旅)행객들은 알 수 없는 악(惡)취에 모두 코를 막았습니다.

旅
나그네 려

부수	方(모 방)
획수	총 10획
中	旅(lǚ) 뤼

放 + 从 회의

'나그네 려'는 깃발 아래 서 있는 두 사람을 그린 모양으로 처음에는 군대와 관련된 표현으로 사용되다가 나중에 나그네, 여행하다라는 의미를 가지게 되었어요.

惡
악할 악/미워할 오

부수	心(마음 심)
획수	총 12획
中	惡(è) 으어
약자	悪

亞 + 心 형성

'악할 악'은 사면이 요새처럼 꽉 막힌 집과 마음을 그린 모양으로 갇혀 있는 악한 마음이라는 의미를 가지고 있어요.

교과서 속 숨은 한자

국어

 旅 行
行 다닐 행

여행 : 일이나 구경을 위해 다른 곳에 가는 일

사회

 旅 券
券 문서 권

여권 : 외국을 여행할 때 신분이나 국적을 밝히는 문서

사회

 旅 費
費 쓸 비

여비 : 여행에 드는 비용

사회

 惡 化
化 될 화

악화 : 나쁜 쪽으로 바뀌거나 나빠짐

과학

 惡 臭
臭 냄새 취

악취 : 나쁜 냄새

사회

 惡 影 響
影 그림자 영
響 울릴 향

악영향 : 나쁜 영향

쓰는 순서에 맞게 예쁘게 따라 쓰세요.

총 10획 旅 旅 旅 旅 旅 旅 旅 旅 旅 旅

旅	旅					
나그네 려						

총 12획 惡 惡 惡 惡 惡 惡 惡 惡 惡 惡 惡 惡

惡	惡					
악할 악 / 미워할 오						

5

旅 惡 說 課 害 參 相 雨 兒 歲

 다음 한자와 의미가 반대인 한자를 찾아 ○하세요.

旅　主　客　　　　　　惡　不　善

 다음 문장을 읽고 빈칸에 들어갈 알맞은 한자어를 써넣으세요.

보기　　　　惡臭　　旅券　　惡化　　旅行

01 오늘날 북한은 경제 사정의 [　　　] 로 심각한 어려움에 빠졌습니다.

02 어머니의 고향인 미국으로 친척을 만나러 가기 위해 [　　　] 을 만들었습니다.

03 생활 쓰레기 매립지의 [　　　] 로 주민들이 고생하고 있습니다.

04 헬렌 켈러의 부모는 헬렌의 병을 고치기 위해 먼 곳까지 [　　　] 을 떠났습니다.

아빠가 개구리의 성장 **과(課)**정에 대해 자세히 **설(說)**명해 주셨어요.

說

부수	言(말씀 언)
획수	총 14획
中	说(shuō) 슈어*

말씀 설 / 달랠 세

言 + 兑 형성

'말씀 설'은 웃으면서 말하는 사람을 그린 모양으로 이야기하다, 유세하다 라는 의미를 가지고 있어요.

課

부수	言(말씀 언)
획수	총 15획
中	课(kè) 크어

과정 과

言 + 果 형성

'과정 과'는 입과 나무에 맺힌 열매를 그린 모양으로 공부를 열심히 해야 성과를 낼 수 있다는 의미를 가지고 있어요.

교과서 속 숨은 한자

국어

學 說　學 배울 학

학설 : 어떤 학문이나 기술에 대한 주장이나 이론

국어

說 明　明 밝을 명

설명 : 상대편이 잘 알 수 있도록 내용을 밝혀 말함

사회

解 說　解 풀 해

해설 : 문제의 내용을 알기 쉽게 풀어 설명함

도덕

日 課　日 날 일

일과 : 날마다 규칙적으로 하는 일

도덕

放 課　放 놓을 방

방과 : 하루의 학교 일정이 끝남

국어

課 題　題 제목 제

과제 : 선생님이 학생에게 내주는 숙제

쓰는 순서에 맞게 예쁘게 따라 쓰세요.

총 14획	說 說 說 說 說 說 說 說 說 說 說 說 說 說

說	說					
말씀설/달랠세						

총 15획	課 課 課 課 課 課 課 課 課 課 課 課 課 課 課

課	課					
과정 과						

5

旅
惡
說
課
害
參
相
雨
兒
歲

 다음 그림에서 설명하는 한자가 어떤 것인지 찾아 ○하세요.

    說 話       課 語

 다음 문장의 밑줄 친 부분에 들어갈 알맞은 한자를 쓰세요.

01 자신과 한 약속대로 매일 **일과**를 마치고 책을 읽었습니다.

02 오늘날에는 매일매일 새로운 지식과 **학설**이 쏟아지고 있습니다.

03 매일 **방과** 후 공연을 위한 연습에 참여했습니다.

04 대상을 **설명**하기 위해서는 특징을 잘 관찰해야 합니다.

손해(害)를 최소화하기 위해, 원칙과 의견을 참(參)고해야 해요.

해할 해

부수	宀(갓머리)
획수	총 10획
中	害(hài) 하이

宀 + 丰 + 口 회의

'해할 해'는 집안에서 말다툼이 일어나는 상황을 그린 모양으로 해치다라는 의미를 가지고 있어요.

참여할 참 / 석 삼

부수	厶(마늘 모)
획수	총 11획
中	參(cān) 찬
약자	参

厽 + 人 + 彡 회의

'참여할 참'은 머리 위에서 빛나는 3개의 별을 그린 모양으로 별자리를 의미하다가 지금은 참여하다, 숫자 3의 의미로 사용되어요.

교과서 속 숨은 한자

 과학

被 **害** 被 입을 피

피해 : 생명이나 신체, 재산 등에 손해를 입음

 사회

侵 **害** 侵 침노할 침

침해 : 침범하여 해를 끼침

 도덕

損 **害** 損 덜 손

손해 : 물질적으로나 정신적으로 밑짐

 도덕

參 考 考 생각할 고

참고 : 살펴서 생각함

 국어

參 見 見 볼 견

참견 : 남의 일에 아는 체 하거나 간섭하는 행동

 사회

參 與 與 더불 여

참여 : 어떤 일에 끼어들어 함께 함

쓰는 순서에 맞게 예쁘게 따라 쓰세요.

총 10획	害 害 害 害 害 害 害 害 害 害					

害	害					
해할 해						

총 11획	參 參 參 參 參 參 參 參 參 參 參					

參	參					
참여할 참 / 석 삼						

 다음 한자의 훈(뜻)과 음(소리)을 쓰세요.

害 훈 _____ 음 _____

參 훈 _____ 음 _____

 다음 의미에 해당하는 한자에 ○하세요.

01 자기와 관계 없는 일에 끼어들어 아는 체하거나 이래라저래라 함 　　　參見 ┊ 意見

02 어떤 일에 끼어들어 함께 함 　　　參考 ┊ 參與

03 생명이나 신체, 재산 등에 손해를 입음 　　　被害 ┊ 利害

04 침범하여 해를 끼침 　　　侵害 ┊ 有害

비오는 날 교실 **우(雨)**산통에는 다양한 색**상(相)**의 우산들로 가득해요.

서로 상

부수	目(눈 목)
획수	총 9획
中	相(xiāng) 시앙

木 + 目 회의

'서로 상'은 나무를 바라보는 눈을 그린 모양으로 살펴보다라는 의미로 사용되다가 나중에 서로라는 의미를 가지게 되었어요.

비 우

부수	雨(비 우)
획수	총 8획
中	雨(yǔ) 위

상형

'비 우'는 구름 아래로 떨어지는 빗방울을 그린 모양으로 비라는 의미를 가지고 있어요.

교과서 속 숨은 한자

도덕

 相 談   談 말씀 담

상담 : 문제를 해결하거나 궁금증을 풀기 위해 서로 의논함

도덕

相 關   關 관계할 관

상관 : 서로 관련을 가짐

미술

 色 相   色 빛 색

색상 : 색조

국어

 雨 傘   傘 우산 산

우산 : 비가 올 때 머리 위를 가리는 물건

국어

 雨 備   備 갖출 비

우비 : 비를 가리기 위해 사용하는 물건

과학

 雨 雲   雲 구름 운

우운 : 비와 구름

쓰는 순서에 맞게 예쁘게 따라 쓰세요.

총9획	相 相 相 相 相 相 相 相 相					

相	相					
서로 상						

총8획	雨 雨 雨 雨 雨 雨 雨 雨					

雨	雨					
비 우						

旅 惡 說 課 害 參 相 雨 兒 歲

 다음 한자와 음이 같은 한자를 찾아 ○하세요.

相　上　商　現

雨　牛　右　雲

 다음 문장의 한자 중에서 틀린 글자를 찾아 ○ 하고 바르게 고치세요.

01 비가 올 것 같아 **學校** 가는 길에 **牛傘** 을 챙겼습니다.

02 우리 **祖上** 들은 삿갓, 도롱이 같은 **右備** 를 입었습니다.

03 **空間** 이 넓어 보이게 하기 위해서 밝은 **色商** 으로 실내를 꾸며보았습니다.

04 나와 **上觀** 없는 사람이라도 항상 **弱者** 를 도와야 합니다.

재미있는 **세(歲)**시풍속을 다룬 그림책이 **아(兒)**동 추천도서로 뽑혔어요.

兒
아이 아

부수	儿(어진 사람인 발)
획수	총 8획
中	儿(ér) 얼
약자	児

상형

'아이 아'는 젖니를 드러낸 아이를 그린 모양으로 아이라는 의미를 가지고 있어요.

歲
해 세

부수	止(그칠 지)
획수	총 13획
中	岁(suì) 수이
약자	岁 · 崴

戊 + 步 회의

'해 세'는 도끼와 발을 그린 모양으로 무기를 들고 싸우며 보낸 시간, 즉 세월이라는 의미를 가지고 있어요.

교과서 속 숨은 한자

도덕
兒 童   童 아이 동

아동 : 어린 아이

사회
育 兒   育 기를 육

육아 : 어린 아이를 기름

사회
出 生 兒   出 날 출
生 날 생

출생아 : 새로 태어난 아이

사회
歲 拜   拜 절 배

세배 : 새해에 어른께 인사로 하는 절

사회
歲 時   時 때 시

세시 : 한 해의 절기나 계절에 따른 때

국어
年 歲   '年'이 단어 첫머리에 올 때는 '연'으로 읽어요.
年 해 년(연)

연세 : 나이의 높임말

쓰는 순서에 맞게 예쁘게 따라 쓰세요.

| 총 8획 | 兒 兒 兒 兒 兒 兒 兒 兒 |

兒	兒					
아이 아						

| 총 13획 | 歲 歲 歲 歲 歲 歲 歲 歲 歲 歲 歲 歲 歲 |

歲	歲					
해 세						

 다음 한자와 의미가 유사한 한자를 찾아 ○하세요.

| 兒 | 孫 | 童 | 小 | | 歲 | 日 | 三 | 年 |

 문장을 읽고 밑줄 친 한자의 독음을 써보세요.

01 <u>育兒</u> 휴직, 교육비 지원 등 걱정 없이 아이를 낳아 키울 수 있어야 합니다.

02 설날에 차례를 지내고 <u>歲拜</u> 하는 풍속이 있습니다.

03 해마다 일정한 시기에 되풀이하는 다양한 생활 모습을 <u>歲時</u> 풍속이라고 합니다.

04 최근 들어 <u>出生兒</u> 의 수가 예전보다 많이 줄었습니다.

1 다음 한자와 관련된 속담을 찾아 ○하세요.

고래 싸움에 새우등 터진다.

꿀도 약이라면 쓴다.

害

세 살 버릇 여든 간다.

발 없는 말이 천리 간다.

兒

개천에서 용 난다.

십년이면 강산도 변한다.

歲

꼬리가 길면 밟힌다.

굳은 땅에 물이 고인다.

惡

2 한자가 둘로 나누어져 있어요. 연결해서 한자를 완성하고 훈(뜻)과 음(소리)을 쓰세요.

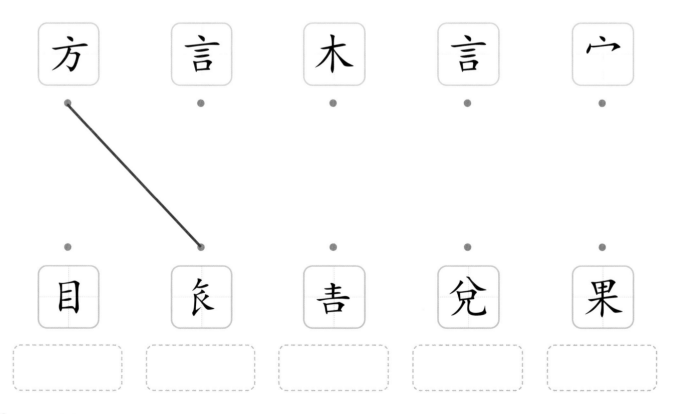

方　言　木　言　宀

目　食　吉　兌　果

3 친구들이 가지고 있는 접수증에 있는 한자에 해당하는 주사를 찾아 ○하세요.

損害　손해　피해

惡臭　악화　악취

雨傘　우비　우산

參與　참여　참가

相關　상담　상관

5

旅
惡
說
課
害
參
相
雨
兒
歲

4 다음 한자어의 의미와 일치하는 것에 ○하고 규칙에 맞는 퍼즐을 찾으세요.

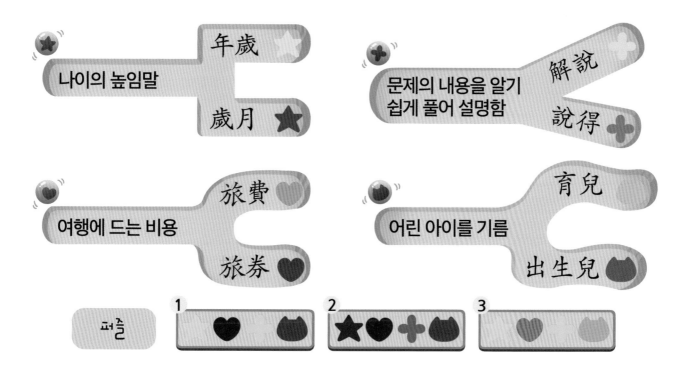

나이의 높임말 — 年歲 ☆ / 歲月 ★

문제의 내용을 알기 쉽게 풀어 설명함 — 解說 ✚ / 說得 ✚

여행에 드는 비용 — 旅費 ♥ / 旅券 ♥

어린 아이를 기름 — 育兒 🐾 / 出生兒 🐾

퍼즐
1　♥　🐾
2　★♥✚🐾
3　♥　🐾

한국어문회 기출·예상문제

1 다음 한자의 훈과 음을 쓰세요.

01 參 훈_____ 음_____

02 旅 훈_____ 음_____

03 課 훈_____ 음_____

2 다음 훈과 음을 가진 한자를 쓰세요.

01 비 우 ☐ **02** 서로 상 ☐

03 해할 해 ☐

3 교재 90, 94, 98쪽을 참고하여 다음 한자의 약자(略字, 획수를 줄인 한자)를 쓰세요.

01 惡 → ☐ **02** 參 → ☐

03 兒 → ☐ **04** 歲 → ☐

4 다음 밑줄 친 한자어의 독음을 쓰세요.

01 오늘 가든 내일 가든 **相關**없다.
☐

02 내가 이해할 수 있게 자세히 **說明**해
봐라. ☐

03 오늘은 부모님이 수업에 **參觀**하러
오신다. ☐

04 우리나라 고유의 **歲時**풍속을 잘 지
켜 나가자. ☐

05 요즘 **凶惡**한 범죄가 많이 일어나니
밤늦게 다니면 안 된다. ☐

5 다음 밑줄 친 한자와 뜻이 반대(또는 상대)되는
한자를 보기 에서 찾아 쓰세요.

보기 害 旅 雨 參

01 어려운 때이니 개인적인 **利**☐ 를
따지지 말고 서로 단결하자.

6 다음 밑줄 친 한자와 뜻이 같거나 비슷한 한
자를 보기 에서 찾아 쓰세요.

보기 說 課 兒 兄

01 우리 마을에는 옛날부터 전해 내려오
는 민간 ☐話가 있다.

02 이번 대회는 13세 이하의 ☐童을
대상으로 한다.

102 쑥쑥 급수한자 준5급 01

7 다음 제시한 한자어와 뜻에 맞는 동음어를 찾아 번호를 쓰세요.

> [보기] ❶ 萬歲 ❷ 世代 ❸ 相關
> ❹ 年歲 ❺ 相對 ❻ 歲首

01 洗手-[ ] : 한 해의 처음

02 萬世-[ ] : 축하하거나 기뻐하며 외치는 말

03 上代-[ ] : 서로 마주 대함, 또는 그런 대상

8 다음 뜻에 맞는 한자어를 [보기] 에서 찾아 번호를 쓰세요.

> [보기] ❶ 說服 ❷ 傳說 ❸ 惡意 ❹ 合意

01 옛날부터 전해오는 이야기 [ ]

02 남을 미워하는 악한 마음 [ ]

9 다음 성어의 뜻에 맞게 빈칸에 들어갈 한자를 [보기] 에서 찾아 쓰세요.

> [보기]   相 上 雨 右

01 敎學[ ]長 [교학상장] : 가르치고 배우면서 서로 성장함

02 [ ]順風調 [우순풍조] : 비가 때맞추어 알맞게 내리고 바람이 고르게 불어줌

10 다음 밑줄 친 단어를 한자로 쓰세요.

01 <u>악법</u>을 고치라는 국민들의 요구가 거세다. _____

02 <u>육아</u>를 위해 회사를 쉬기로 했다. _____

03 영어를 못해서 <u>과외</u>를 시작했다. _____

04 비가 온다는 예보를 듣고 가방에 <u>우의</u>를 챙겨 넣었다. _____

05 태풍으로 <u>수해</u>를 입은 농민들이 깊은 시름에 잠겨 있다. _____

11 다음 한자의 진하게 표시한 획은 몇 번째 쓰는지 [보기] 에서 찾아 그 번호를 쓰세요.

> [보기]
> ❶ 첫 번째   ❷ 두 번째
> ❸ 세 번째   ❹ 네 번째
> ❺ 다섯 번째   ❻ 여섯 번째
> ❼ 일곱 번째   ❽ 여덟 번째
> ❾ 아홉 번째   ❿ 열 번째

01 雨[ ]   02 兒[ ]   03 旅[ ]

5

旅
惡
說
課
害
參
相
雨
兒
歲

1 다음 한자와 음(소리)이 같은 한자를 고르세요.

01 相 ☐
  ❶ 場　　❷ 說　　❸ 參　　❹ 商

02 課 ☐
  ❶ 題　　❷ 過　　❸ 旅　　❹ 說

03 害 ☐
  ❶ 勢　　❷ 兒　　❸ 海　　❹ 雨

2 다음 한자의 뜻으로 알맞은 것을 고르세요.

01 課 ☐
  ❶ 과정　　❷ 열매　　❸ 서로　　❹ 손님

02 惡 ☐
  ❶ 넓다　　❷ 해하다　　❸ 사귀다　　❹ 악하다

03 參 ☐
  ❶ 기다리다　❷ 참여하다　❸ 해하다　❹ 고하다

3 다음 한자와 뜻이 반대되거나 상대되는 한자를 고르세요.

01 善 착할 선(5급) ☐
  ❶ 惡　　❷ 意　　❸ 課　　❹ 旅

4 보기 의 단어들과 가장 관련이 깊은 한자를 고르세요.

보기　먹구름　장마　장화

01 ❶ 歲　❷ 雨　❸ 雪　❹ 相 ☐

보기　소아과　5월 5일　동화

02 ❶ 惡　❷ 旅　❸ 參　❹ 兒 ☐

5 다음 한자어의 독음(소리)으로 알맞은 것을 고르세요.

01 相通 ☐
  ❶ 상관　　❷ 장속　　❸ 상통　　❹ 상생

02 說服 ☐
  ❶ 설복　　❷ 설득　　❸ 화제　　❹ 설화

03 害惡 ☐
  ❶ 해의　　❷ 고의　　❸ 해양　　❹ 해악

6 ▨ 안에 들어갈 알맞은 한자를 고르세요.

01 9시 회의에 반드시 **참석** 해야 한다.
  ❶ 溫度　❷ 着席　❸ 用度　❹ 參席

02 **여행** 사를 통해 항공권을 예약했다.
  ❶ 放出　❷ 運行　❸ 旅行　❹ 放流

7 다음 한자의 훈과 음을 한글로 쓰세요.

01 說 훈＿＿＿＿＿＿ 음＿＿＿＿＿

02 相 훈＿＿＿＿＿＿ 음＿＿＿＿＿

03 歲 훈＿＿＿＿＿＿ 음＿＿＿＿＿

8 다음 훈과 음에 맞는 한자를 쓰세요.

01 악할 악 ☐

02 말씀 설 ☐

03 아이 아 ☐

9 다음 한자어의 독음을 한글로 쓰세요.

01 放課 ＿＿＿＿＿

02 首相 ＿＿＿＿＿

03 歲時 ＿＿＿＿＿

10 다음 밑줄 친 한자를 의미에 맞는 한자로 고쳐 쓰세요. (단, 음이 같은 한자로 고칠 것)

01 눈 깜짝할 사이에 20년의 <u>世月</u>이 흘렀다. ☐

02 나는 추리 <u>小雪</u>을 즐겨 읽는다. ☐

11 다음 한자성어의 설명을 읽고 ☐ 에 들어갈 한자를 쓰세요.

語不成☐ [어불성설]
말이 조금도 이치에 맞지 않음

(12-13) 교재 111, 112쪽 교과서 한자어를 참고하여 풀어보세요.

12 다음 한자어의 알맞은 뜻을 고르세요.

堆積 ☐

❶ 많이 덮쳐져 쌓임
❷ 상대편에게 안부, 소식, 용무 등을 적어 보냄
❸ 신체의 발육과 건강을 위하여 몸을 움직임
❹ 장래의 일을 상대방과 미리 정하여 어기지 않을 것을 다짐함

13 ☐ 안에 들어갈 알맞은 한자어를 고르세요.

인기 웹툰이 영화로 제작되어 개봉 전부터 화제 가 되었습니다.

❶縮尺 ❷體操 ❸歷史 ❹話題

旅惡說課害參相雨兒歲

家族 가족

| 家 | 부수 宀 / 획수 10 | 집 가 |
| 族 | 부수 方 / 획수 11 | 겨레 족 |

부부를 기초로 하여 한 가정을 이루는 사람들

公共 공공

| 公 | 부수 八 / 획수 4 | 공평할 공 |
| 共 | 부수 八 / 획수 6 | 함께 공 |

사회의 여러 사람에게 관계되는 것

角 각

| 角 | 부수 角 / 획수 7 | 뿔 각 |

면과 면이 만나 이루어지는 모서리

觀光客 관광객

觀	부수 見 / 25	볼 관
光	儿 / 6	빛 광
客	宀 / 9	손 객

다른 지방이나 다른 나라의 풍경이나 풍물 등을 구경하러 다니는 사람

感想 감상

| 感 | 부수 心 / 획수 13 | 느낄 감 |
| 想 | 부수 心 / 획수 13 | 생각 상 |

마음에서 일어나는 느낌이나 생각

觀察 관찰

| 觀 | 부수 見 / 획수 25 | 볼 관 |
| 察 | 부수 宀 / 획수 14 | 살필 찰 |

사물이나 현상을 주의하여 자세히 살펴봄

經濟 경제

| 經 | 부수 糸 / 획수 13 | 지날 경 |
| 濟 | 부수 氵 / 획수 17 | 건널 제 |

인간의 생활에 필요한 재화나 용역을 생산, 분배, 소비하는 모든 활동

求愛行動 구애행동

求	水 / 7	구할 구
愛	心 / 13	사랑 애
行	行 / 6	다닐 행
動	力 / 11	움직일 동

사랑을 구하는 행동

固體 고체

| 固 | 부수 囗 / 획수 8 | 굳을 고 |
| 體 | 부수 骨 / 획수 23 | 몸 체 |

일정한 모양과 부피를 가진 물체

國寶 국보

| 國 | 부수 囗 / 획수 11 | 나라 국 |
| 寶 | 부수 宀 / 획수 20 | 보배 보 |

국가가 보호 관리하는 문화재

記事 | 記 부수 言 획수 10 | 事 부수 亅 8
기사 | 기록할 기 | 일 사

사실을 적음. 혹은 적은 글

都市 | 都 부수 阝 획수 12 | 市 부수 巾 획수 5
도시 | 도읍 도 | 저자 시

일정한 지역의 정치, 경제, 문화의 중심이 되는 사람이 많이 사는 지역

農村 | 農 부수 辰 획수 13 | 村 부수 木 획수 7
농촌 | 농사 농 | 마을 촌

주민의 대부분이 농업에 종사하는 마을이나 지역

等高線 | 等 ⺮ 12 | 高 高 10 | 線 糹 15
등고선 | 무리 등 | 높을 고 | 줄 선

지도에서 해발고도가 같은 지점을 연결한 곡선

踏査 | 踏 부수 足 획수 15 | 査 부수 木 획수 9
답사 | 밟을 답 | 조사할 사

현장에 가서 직접 보고 조사함

文段 | 文 부수 文 획수 4 | 段 부수 殳 획수 9
문단 | 글월 문 | 층계 단

긴 글을 내용에 따라 나눌 때, 하나하나의 짧은 이야기 토막

帶分數 | 帶 巾 11 | 分 刀 4 | 數 攵 15
대분수 | 띠 대 | 나눌 분 | 셈 수

정수와 진분수의 합으로 이루어진 분수

文化財 | 文 文 4 | 化 匕 4 | 財 貝 10
문화재 | 글월 문 | 될 화 | 재물 재

문화 활동에 의하여 창조된 가치가 뛰어난 사물

對照 | 對 부수 寸 획수 14 | 照 부수 灬 획수 13
대조 | 대할 대 | 비칠 조

서로 반대되거나 상대적으로 대비됨

博覽會 | 博 十 12 | 覽 見 21 | 會 曰 13
박람회 | 넓을 박 | 볼 람 | 모일 회

농업, 상업, 공업 따위에 관한 온갖 물품을 모아 벌여 놓고 판매, 선전, 우열 심사를 하는 전람회

진흥회 속 교과서 한자

博物館 박물관
博 十 12 넓을 **박**
物 牛 8 물건 **물**
館 食 17 집 **관**

오래된 유물이나 문화적 학술적 의의가 깊은 자료를 수집하여 보관하고 전시하는 곳

選擇 선택
選 부수 辶 획수 16 가릴 **선**
擇 부수 扌 획수 16 가릴 **택**

여럿 가운데서 필요한 것을 골라 뽑음

反省 반성
反 부수 又 획수 4 돌이킬 **반**
省 부수 目 획수 9 살필 **성**

자신의 언행에 대하여 잘못이나 부족함이 없는지 돌이켜 봄

所得 소득
所 부수 戶 획수 8 바 **소**
得 부수 彳 획수 11 얻을 **득**

어떤 일의 결과로 얻은 이익

不導體 부도체
不 一 4 아닐 **불/부**
導 寸 16 인도할 **도**
體 骨 23 몸 **체**

전기나 열의 전도율이 극히 적은 물체

素材 소재
素 부수 糸 획수 10 본디 **소**
材 부수 木 획수 7 재목 **재**

어떤 것을 만드는 데 바탕이 되는 재료

分銅 분동
分 부수 刀 획수 4 나눌 **분**
銅 부수 金 획수 14 구리 **동**

물건의 무게를 달 때 무게의 표준으로서 한쪽 저울판 위에 올려놓는 쇠붙이로 된 추

俗談 속담
俗 부수 亻 획수 9 풍속 **속**
談 부수 言 획수 15 말씀 **담**

예로부터 민간에 전하여 오는 쉬운 격언이나 잠언

想像 상상
想 부수 心 획수 13 생각 **상**
像 부수 亻 획수 14 모양 **상**

실제로 경험하지 않은 현상이나 사물에 대하여 마음 속으로 그려 봄

詩 시
詩 부수 言 획수 13 시 **시**

정서나 사상 따위를 운율을 지닌 함축적 언어로 표현한 문학의 한 갈래

實踐 실천	實 부수 宀 획수 14 열매 **실**	踐 부수 足 획수 15 밟을 **천**

생각한 바를 실제로 행함

聯想 연상	聯 부수 耳 획수 17 연이을 **련(연)**	想 부수 心 획수 13 생각 **상**

하나의 관념이 다른 관념을 불러 일으키는 현상

約束 약속	約 부수 糸 획수 9 맺을 **약**	束 부수 木 획수 7 묶을 **속**

장래의 일을 상대방과 미리 정하여 어기지 않을 것을 다짐함

年表 연표	年 부수 干 획수 6 해 **년(연)**	表 부수 衣 획수 8 겉 **표**

역사상 발생한 사건을 연대순으로 배열하여 적은 표

讓步 양보	讓 부수 言 획수 24 사양할 **양**	步 부수 止 획수 7 걸음 **보**

남에게 좌석이나 길이나 물건 따위를 사양하여 물러나는 것

預金 예금	預 부수 頁 획수 13 맡길 **예**	金 부수 金 획수 8 쇠 **금**

금전을 금융기관에 맡김

液體 액체	液 부수 氵 획수 11 진 **액**	體 부수 骨 획수 23 몸 **체**

일정한 부피는 가졌으나 일정한 형태를 가지지 못한 물질

禮節 예절	禮 부수 示 획수 18 예도 **례(예)**	節 부수 竹 획수 15 마디 **절**

예의에 관한 모든 절차나 질서

歷史 역사	歷 부수 止 획수 16 지날 **력(역)**	史 부수 口 획수 5 사기 **사**

인류 사회의 변천과 흥망의 과정

流通 유통	流 부수 氵 획수 10 흐를 **류(유)**	通 부수 辶 획수 11 통할 **통**

공기가 막힘 없이 흘러 통함

銀行 은행

| 銀 | 부수 金 획수 14 | 은 **은** |
| 行 | 부수 行 획수 6 | 다닐 **행** |

예금을 받아 대출, 어음 거래 따위를 업무로 하는 금융 기관

地圖 지도

| 地 | 부수 土 획수 6 | 땅 **지** |
| 圖 | 부수 口 획수 14 | 그림 **도** |

지구 표면의 상태를 일정한 비율로 줄여 이를 약속된 기호로 평면에 나타낸 그림

音樂 음악

| 音 | 부수 音 획수 9 | 소리 **음** |
| 樂 | 부수 木 획수 15 | 노래 **악** |

박자, 가락, 음색, 화성 등을 갖가지 형식으로 조합하여 목소리나 악기로 표현하는 예술

支出 지출

| 支 | 부수 支 획수 4 | 지탱할 **지** |
| 出 | 부수 凵 획수 5 | 날 **출** |

어떤 목적을 위하여 돈을 지급하는 일

資料 자료

| 資 | 부수 貝 획수 13 | 재물 **자** |
| 料 | 부수 斗 획수 10 | 헤아릴 **료(요)** |

연구나 조사 따위의 바탕이 되는 재료

地層 지층

| 地 | 부수 土 획수 6 | 땅 **지** |
| 層 | 부수 尸 획수 15 | 층 **층** |

자갈, 모래, 진흙 등의 물질이 지표면에서 퇴적하여 이루어진 층

電池 전지

| 電 | 부수 雨 획수 13 | 번개 **전** |
| 池 | 부수 氵 획수 6 | 못 **지** |

물질의 변화로 방출되는 에너지를 전기에너지로 변환하는 소형 장치

秩序 질서

| 秩 | 부수 禾 획수 10 | 차례 **질** |
| 序 | 부수 广 획수 7 | 차례 **서** |

사물, 행동 등의 순서나 차례

主題 주제

| 主 | 부수 丶 획수 5 | 주인 **주** |
| 題 | 부수 頁 획수 18 | 제목 **제** |

대화나 연구 따위에서 중심이 되는 문제

體操 체조

| 體 | 부수 骨 획수 23 | 몸 **체** |
| 操 | 부수 扌 획수 16 | 잡을 **조** |

신체 각 부분의 고른 발육과 건강의 증진을 위하여 일정한 형식으로 몸을 움직임

縮尺 축척	縮 부수 糹 획수 17 줄일 축	尺 부수 尸 획수 4 자 척

지도에서의 거리와 지표에서 실제 거리와의 비율

偏見 편견	偏 부수 亻 획수 11 치우칠 편	見 부수 見 획수 7 볼 견

공정하지 못하고 한쪽으로 치우친 생각

討論 토론	討 부수 言 획수 10 칠 토	論 부수 言 획수 15 논할 론

어떤 문제에 대하여 여러 사람이 각각 의견을 말하여 논의함

便紙 편지	便 부수 亻 획수 9 편할 편	紙 부수 糹 획수 10 종이 지

용건이나 소식을 알리기 위해 적어 보낸 글

堆積 퇴적	堆 부수 土 획수 11 쌓을 퇴	積 부수 禾 획수 16 쌓을 적

많이 덮쳐져 쌓임

韓半島 한반도	韓 韋 17 한국 한	半 十 5 반 반	島 山 10 섬 도

대한민국 국토인 반도

投票 투표	投 부수 扌 획수 7 던질 투	票 부수 示 획수 11 표 표

선거에서 선거인이 의사표시를 하는 것

幸福 행복	幸 부수 干 획수 8 다행 행	福 부수 示 획수 14 복 복

흐뭇하도록 만족하여 부족하거나 불만이 없음

販賣 판매	販 부수 貝 획수 11 팔 판	賣 부수 貝 획수 15 팔 매

상품 따위를 팜

化石 화석	化 부수 匕 획수 4 될 화	石 부수 石 획수 5 돌 석

지질 시대 동식물의 시체나 흔적이 암석 속에 그대로 남아 있는 것

진흥회 속 교과서 한자

和音 화음	和 부수 口 획수 8 화할 화	音 부수 音 획수 9 소리 음

높이가 다른 둘 이상의 음이 함께 울릴 때 어울리는 소리

話題 화제	話 부수 言 획수 13 말씀 화	題 부수 頁 획수 18 제목 제

이야기의 제목, 이야깃거리

동음이의어(음은 같으나 뜻이 다른 한자어)

고가	古家	예 고 집 가	지은 지 오래된 집
	古歌	예 고 노래 가	옛 노래
	高價	높을 고 값 가	비싼 값

고기	古記	예 고 기록할 기	옛날 기록
	古氣	예 고 기운 기	옛스러운 운치
	高旗	높을 고 기 기	높이 펄럭이는 깃발

고명	古名	예 고 이름 명	옛날 이름
	高明	높을 고 밝을 명	고상하고 현명함
	高名	높을 고 이름 명	높이 알려진 이름

고사	古事	예 고 일 사	옛 일
	古史	예 고 사기 사	옛 역사
	高士	높을 고 선비 사	고결한 선비

고전	古傳	예 고 전할 전	예로부터 전해 내려옴
	古典	예 고 법 전	고대의 전적
	苦戰	쓸 고 싸움 전	죽을 힘을 다하여 싸우는 힘든 싸움

고지	告知	알릴 고 알 지	고하여 알림
	高地	높을 고 땅 지	평지보다 높은 땅
	高志	높을 고 뜻 지	높은 뜻, 고상한 뜻

공과	工科	장인 공 과목 과	공학을 전공하는 학과
	功過	공 공 지날 과	공로와 과오
	工課	장인 공 과정 과	공부의 과정

공구	工具	장인 공 갖출 구	물건을 만들거나 고치는 기구
	工區	장인 공 지경 구	공사를 하는 구역

공동	公同	공평할 공 한가지 동	공중이 다같이 하거나 관계됨
	共同	함께 공 한가지 동	여러 사람이 함께 함
	空洞	빌 공 골 동	빈 동굴

동음이의어(음은 같으나 뜻이 다른 한자어)

공로	公路	공평할 공 길 로	국가에서 관할하는 길
	功勞	공 공 힘쓸 로	어떤 목적을 이루는 데 힘쓴 노력
	空老	빌 공 늙을 로	아무 것도 해 놓은 것 없이 헛되이 늙음

공사	公事	공평할 공 일 사	관청의 일
	工事	장인 공 일 사	공장이나 토목, 건축에 관한 일
	公社	공평할 공 모일 사	정부가 경영하는 기업

공식	公式	공평할 공 법 식	(1) 공적으로 정해짐 (2) 수학의 법칙을 수학 기호로 보인 식
	空食	빌 공 밥 식	노력 없이 음식을 먹음

과실	果實	실과 과 열매 실	먹을 수 있는 나무의 열매
	過失	지날 과 잃을 실	조심하지 않아서 저지른 잘못

교정	教正	가르칠 교 바를 정	가르쳐서 바르게 함
	校正	학교 교 바를 정	대조하여 잘못된 글자를 바로 잡음
	校庭	학교 교 뜰 정	학교의 마당

교화	校花	학교 교 꽃 화	학교의 상징으로 삼은 꽃
	教化	가르칠 교 될 화	가르쳐 착한 길로 인도함

구전	口傳	입 구 전할 전	말로 전함
	舊傳	예 구 전할 전	예로부터 전해짐
	舊典	예 구 법 전	예전의 법전

근촌	近寸	가까울 근 마디 촌	가까운 촌수
	近村	가까울 근 마을 촌	가까운 마을

기수	基數	터 기 셈 수	하나부터 아홉까지의 정수
	旗手	기 기 손 수	기를 든 사람

노상	老相	늙을 로 서로 상	늙은 재상
	路上	길 로 윗 상	길바닥

당신	堂神	집 당 귀신 신	신당에 모신 신령
	當身	마땅 당 몸 신	상대되는 사람을 일컫는 말

대신	代身	대신할 대 몸 신	남을 대리함
	大臣	큰 대 신하 신	조선시대 영의정, 우의정, 좌의정

대전	大典	큰 대 법 전	중대한 법전
	大戰	큰 대 싸움 전	큰 싸움
	對戰	대할 대 싸움 전	서로 마주 대하여 싸움

독자	獨子	홀로 독 아들 자	외 아들
	獨自	홀로 독 스스로 자	자기 한 사람
	讀者	읽을 독 사람 자	책, 신문 등을 읽는 사람

동화	同化	한가지 동 될 화	성질, 양식, 사상 따 위가 다르던 것이 서 로 같게 됨
	同和	한가지 동 화할 화	함께 화합함
	童話	아이 동 말씀 화	어린이를 위하여 동심을 바탕으로 지은 이야기

명리	名利	이름 명 이로울 리	명예와 이익을 아울 러 이르는 말
	命理	목숨 명 다스릴 리	하늘이 내린 목숨과 자연의 이치

명명	命名	목숨 명 이름 명	사람, 사물, 사건 등 의 대상에 이름을 지 어 붙임
	明明	밝을 명 밝을 명	아주 환하게 밝음

명문	名文	이름 명 글월 문	뛰어나게 잘 지은 글
	名門	이름 명 문 문	이름 있는 문벌 또는 훌륭한 집안

문명	問名	물을 문 이름 명	이름을 물음
	文明	글월 문 밝을 명	인류가 이룩한 물질 적, 기술적, 사회 구조 적인 발전

병력	兵力	병사 병 힘 력	군대의 인원, 또는 그 숫자
	病歷	병 병 지날 력	지금까지 앓은 병의 종류, 그 원인 및 병의 진행 결과와 치료 과정

병사	兵士	병사 병 선비 사	예전에 군인이나 군대를 이르던 말
	病死	병 병 죽을 사	병으로 죽음

부족	不足	아닐 부(불) 발 족	필요한 양이나 기준 에 미치지 못해 충분 하지 아니함
	部族	떼 부 겨레 족	같은 조상 · 언어 · 종 교 등을 가진 공동체

사기	事記	일 사 기록할 기	사건의 기록
	史記	사기 사 기록할 기	사마천이 상고의 황제 로부터 전한 무제까지 의 역대 왕조의 사적 을 엮은 역사책
	士氣	선비 사 기운 기	의욕이나 자신감 따위로 충만하여 굽힐 줄 모르는 기세

동음이의어(음은 같으나 뜻이 다른 한자어)

사전	事典	일 사 법 전	여러 가지 사항을 모아 일정한 순서로 배열하고 그 각각에 해설을 붙인 책
	事前	일 사 앞 전	일이 일어나기 전
	史前	사기 사 앞 전	문헌 사료가 전혀 존재하지 않는 시대

삼동	三冬	석 삼 겨울 동	겨울의 석 달
	三同	석 삼 한가지 동	세 가지의 물건을 합함

상사	商社	장사 상 모일 사	무역이나 상업적인 활동을 위하여 조직된 회사
	商事	장사 상 일 사	상업에 관한 모든 일
	上士	윗 상 선비 사	부사관 계급의 하나. 원사의 아래, 중사의 위

선도	先到	먼저 선 이를 도	남보다 먼저 도착함
	鮮度	고울 선 법도 도	생선이나 야채 따위의 신선한 정도
	仙道	신선 선 길 도	신선이 되기 위하여 닦는 도

선약	仙藥	신선 선 약 약	신선이 만든다고 하는 장생불사의 영약
	先約	먼저 선 맺을 약	먼저 약속함

설화	說話	말씀 설 말씀 화	있지 아니한 일에 대하여 사실처럼 재미있게 말함
	雪花	눈 설 꽃 화	꽃송이처럼 내리는 눈

성격	成格	이룰 성 격식 격	격식을 이룸.
	性格	성품 성 격식 격	개인이 가지고 있는 고유의 성질이나 품성

성명	姓名	성 성 이름 명	성과 이름을 아울러 이르는 말
	性命	성품 성 목숨 명	인성(人性)과 천명(天命)을 아울러 이르는 말
	成名	이룰 성 이름 명	명성을 떨침

성분	成分	이룰 성 나눌 분	유기적인 통일체를 이루고 있는 것의 한 부분
	性分	성품 성 나눌 분	사물이나 현상이 가지고 있는 고유의 특성

세수	洗手	씻을 세 손 수	손이나 얼굴을 씻음
	歲首	해 세 머리 수	한 해의 처음 또는 한 해의 첫 달

소설	小說	작을 소 말씀 설	작가의 상상력에 바탕을 두고 허구적으로 꾸민 이야기
	小雪	작을 소 눈 설	이십사절기의 하나 입동과 대설 사이

소수	小數	작을 소 셈 수	1보다 작은 수
	少數	적을 소 셈 수	적은 수효

소신	小信	작을 소 믿을 신	작은 신뢰와 의리.
	小臣	작을 소 신하 신	신하가 임금을 상대하여 자기를 낮추어 이르던 일인칭 대명사
	所信	바 소 믿을 신	굳게 믿고 있는 바 또는 생각하는 바

소실	小失	작을 소 잃을 실	작은 손실
	消失	사라질 소 잃을 실	사라져 없어짐

소용	小勇	작을 소 날랠 용	작은 용기
	小用	작을 소 쓸 용	작은 일
	所用	바 소 쓸 용	쓸 곳 또는 쓰이는 바

소자	小字	작을 소 글자 자	작은 글자
	少者	적을 소 사람 자	젊은 사람 또는 자기보다 나이가 열 살 이상 아래인 사람

소재	小才	작을 소 재주 재	변변치 못한 재주
	所在	바 소 있을 재	어떤 곳에 있음 또는 있는 곳

수기	水氣	물 수 기운 기	축축한 물의 기운
	手記	손 수 기록할 기	자기의 생활이나 체험을 직접 쓴 기록
	手旗	손 수 기 기	손에 쥐는 작은 기

수석	首席	머리 수 자리 석	등급이나 직위 따위에서 맨 윗자리
	水石	물 수 돌 석	물과 돌을 아울러 이르는 말
	樹石	나무 수 돌 석	나무와 돌을 아울러 이르는 말

수화	水化	물 수 될 화	물의 작용으로 암석과 광물이 변함
	手話	손 수 말씀 화	청각 장애가 있는 사람들이 손을 사용해서 의미를 전달하는 것
	水火	물 수 불 화	물과 불을 아울러 이르는 말

시구	市區	저자 시 지경 구	도시의 구역이나 시가의 구획
	始球	비로소 시 공 구	구기 경기의 대회가 시작되었음을 상징적으로 알리기 위하여 처음으로 공을 던지거나치는 일

시장	市長	저자 시 길 장	지방 자치 단체인 시의 책임자
	市場	저자 시 마당 장	여러 가지 상품을 사고파는 일정한 장소

시조	始祖	비로소 시 할아비 조	한 겨레나 가계의 맨 처음이 되는 조상
	時調	때 시 고를 조	고려 말기부터 발달하여 온 우리나라 고유의 정형시

식수	植樹	심을 식 나무 수	나무를 심음
	食水	밥 식 물 수	먹을 용도의 물

동음이의어(음은 같으나 뜻이 다른 한자어)

신병	身病	몸 신 병 병	몸에 생긴 병
	神病	귀신 신 병 병	장차 무당이 될 사람이 걸리는 병
	新兵	새 신 병사 병	새로 입대한 병사

신선	神仙	귀신 신 신선 선	도를 닦으며 자연에 사는 상상의 사람
	新選	새 신 가릴 선	새롭고 산뜻하다

실례	失禮	잃을 실 예도 례	말이나 행동이 예의에 벗어남
	實例	열매 실 법식 례	구체적인 실제의 보기

실수	失手	잃을 실 손 수	심하지 아니하여 잘못함 또는 그런 행위
	實數	열매 실 셈 수	유리수와 무리수를 통틀어 이르는 말

약수	藥水	약 약 물 수	먹거나 몸을 담그거나 하면 약효가 있는샘물
	約數	맺을 약 셈 수	어떤 정수를 나머지 없이 나눌 수 있는 정수를 원래의 수에 대하여 이르는 말
	弱手	약할 약 손 수	약한 행동이나 기세

양산	量産	헤아릴 량 낳을 산	많이 만들어 냄
	養山	기를 양 메 산	산림을 잘 가꾸고 기름

양성	養成	기를 양 이룰 성	가르쳐서 유능한 사람을 길러 냄
	陽性	볕 양 성품 성	양(陽)의 성질. 적극적 이고 활동적인 성질
	良性	어질 량 성품 성	어질고 착한 성질

영주	英主	꽃부리 영 임금 주	뛰어나게 훌륭한 임금
	永住	길 영 살 주	한곳에 오래 삶

용기	勇氣	날랠 용 기운 기	씩씩하고 굳센 기운 또는 사물을 겁내지 아니하는 기개
	用器	쓸 용 그릇 기	기구를 사용함 또는 그 기구

용사	勇士	날랠 용 선비 사	용맹스러운 사람
	用事	쓸 용 일 사	권세를 부림

우군	友軍	벗 우 군사 군	자기와 같은 편인 군대
	右軍	오른쪽 우 군사 군	오른쪽에 있는 부대 또는 대열의 오른쪽

원로	元老	으뜸 원 늙을 로	한 가지 일에 오래 종 사하여 경험과 공로가 많은 사람
	遠路	멀 원 길 로	먼 길

유수	有數	있을 유 셈 수	손꼽을 만큼 두드러지거나 훌륭함
	流水	흐를 류 물 수	흐르는 물

음량	音量	소리 음 헤아릴 량	악기 소리 따위가 크거나 작게 울리는 정도
	飮量	마실 음 헤아릴 량	마시는 분량

의사	義死	옳을 의 죽을 사	의를 위하여 죽음
	義士	옳을 의 선비 사	의로운 지사

의식	意識	뜻 의 알 식	깨어 있는 상태에서 자기 자신이나 사물에 대하여 인식하는 작용
	衣食	옷 의 밥 식	의복과 음식을 아울러 이르는 말

이남	以南	써 이 남녘 남	어떤 지점을 기준으로 하여 그 남쪽
	二男	두 이 사내 남	둘째 아들

입신	立身	설 립 몸 신	세상에서 떳떳한 자리를 차지하고 지위를 확고하게 세움
	入神	들 입 귀신 신	기술이나 기예 따위가 매우 뛰어나 신과 같은 정도의 영묘한 경지에 이름

자전	字典	글자 자 법 전	한자를 모아서 일정한 순서로 늘어놓고 글자 하나하나의 뜻과 음을 풀이한 책
	自傳	스스로 자 전할 전	작자 자신의 일생을 소재로 스스로 짓거나 남에게 구술하여 쓰게 한 전기

자신	自身	스스로 자 몸 신	그 사람의 몸 또는 바로 그 사람을 이르는 말
	自信	스스로 자 믿을 신	어떤 일이 꼭 그렇게 되리라는 데 대하여 스스로 굳게 믿음

전고	前古	앞 전 옛 고	지나간 옛날
	傳告	전할 전 고할 고	전하여 알림

전과	前科	앞 전 과목 과	이전에 죄를 범하여 재판에 의하여 확정된 형벌의 전력
	全課	온전할 전 공부할 과	모든 과
	全科	온전할 전 과목 과	학교에서 규정한 모든 교과 또는 학과

전구	全句	온전할 전 글귀 구	글귀 전체
	電球	번개 전 공 구	전류를 통해 빛을 내는 기구

전력	前歷	앞 전 지날 력	과거의 경력
	電力	번개 전 힘 력	전류가 단위 시간에 하는 일
	全力	온전할 전 힘 력	모든 힘
	戰力	싸움 전 힘 력	전투나 경기 따위를 할 수 있는 능력

동음이의어(음은 같으나 뜻이 다른 한자어)

전문	前文	앞 전 글월 문	한 편의 글에서 앞부분에 해당하는 글
	全文	온전할 전 글월 문	어떤 글에서 한 부분도 빠지거나 빼지 아니한 전체
	典文	법 전 글월 문	제도와 문물을 아울러 이르는 말

전화	電話	번개 전 말씀 화	전화기를 이용하여 말을 주고받음
	戰火	싸움 전 불 화	전쟁으로 인한 화재

정기	正氣	바를 정 기운 기	지극히 크고 바르고 공명한 천지의 원기
	定期	정할 정 기약할 기	기한이나 기간이 일정하게 정해져 있는 것

제자	弟子	아우 제 아들 자	스승으로부터 가르침을 받거나 받은 사람
	題字	제목 제 글자 자	서적의 머리나 족자, 비석 따위에 쓴 글자

주간	週間	돌 주 사이 간	월요일부터 일요일까지 한 주일 동안
	晝間	낮 주 사이 간	먼동이 터서 해가 지기전까지의 동안

주식	主食	임금 주 밥 식	밥이나 빵과 같이 끼니에 주로 먹는 음식
	晝食	낮 주 밥 식	점심에 끼니로 먹는 밥

지금	至今	이를 지 이제 금	예로부터 오늘에 이르기까지
	只今	다만 지 이제 금	말하는 바로 이때

지면	紙面	종이 지 낯 면	종이의 겉면
	地面	땅 지 낯 면	땅의 거죽

지도	地圖	땅 지 그림 도	지구 표면의 상태를 일정한 비율로 줄여, 이를 약속된 기호로 평면에 나타낸 그림
	地道	땅 지 길 도	땅을 파서 적을 치는길

천명	天命	하늘 천 목숨 명	타고난 운명
	千名	일천 천 이름 명	1000명의 사람

청산	淸算	맑을 청 셈 산	서로 간에 채무·채권 관계를 셈하여 깨끗이 해결함
	靑山	푸를 청 메 산	풀과 나무가 무성한 푸른 산

통관	通關	통할 통 관계할 관	관세법에 따른 절차를 이행하여 물품을 수출, 수입, 반송 하는 일
	洞觀	골동/밝을통 볼 관	꿰뚫어 환히 살핌
	通觀	밝을 통 볼 관	전체를 통하여 내다 봄. 또는 전체에 걸쳐서 한 번 훑어봄

화가	畵家	그림 화 집 가	그림 그리는 것을 직업으로 하는 사람.
	花歌	꽃 화 노래 가	조선 시대의 가사

화식	和食	화할 화 밥 식	일본의 전통 방식으로 만든 음식이나 식사
	火食	불 화 밥 식	불에 익힌 음식을 먹음. 또는 그 음식

정답

연습문제와 모의고사 정답이 모두 들어있어요.

문제를 잘 풀었는지 확인해보아요.

1단계

연습문제 p.22

1

2
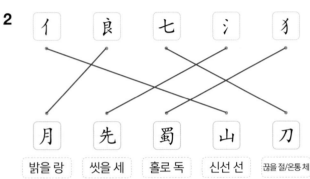

밝을 랑 | 씻을 세 | 홀로 독 | 신선 선 | 끊을 절/온통 체

3

4 充血, 友情

기출 · 예상문제 p.24

한국어문회

1 01. 본받을 효 02. 무리 류 03. 수건 건
2 01. 切 02. 流 03. 玉
3 01. 独
4 01. 독특 02. 충당 03. 품절
04. 우정 05. 선녀
5 01. 石
6 01. 朗 02. 切

7 01. ② 02. ④ 03. ③
8 01. ③ 02. ①
9 01. 流 02. 獨
10 01. 流行 02. 親切 03. 洗車
04. 電流 05. 效果
11 01. ⑤ 02. ④ 03. ④

한자교육진흥회

1 01. ② 02. ① 03. ③
2 01. ② 02. ④ 03. ③
3 01. ④
4 01. ④ 02. ①
5 01. ① 02. ④ 03. ②
6 01. ② 02. ①
7 01. 채울 충 02. 홀로 독 03. 밝을 랑
8 01. 友 02. 巾 03. 效
9 01. 독백 02. 인류 03. 친절
10 01. 友 02. 仙 03. 獨
11 友
12 ④
13 ②

2단계

연습문제 p.42

1 望 바랄 망

2
今 竹 其 至 雨

土 刂 心 云 聿

터 기 | 이를 도 | 생각 념 | 구름 운 | 붓 필

3 ❶ 경주 ❷ 수도 ❸ 운무 ❹ 필기 ❺ 결국 ❻ 실망

4 紀念, 着陸

기출 · 예상문제　　　　　　　　　　p.44

한국어문회

1 01. 판 국　02. 터 기　03. 고을 주

2 01. 耳　　02. 首　　03. 到

3 01. 団

4 01. 운집　02. 필기　03. 소망
　　04. 시국　05. 신념

5 01. 着

6 01. 團　　02. 到

7 01. ②　　02. ③　　03. ⑤

8 01. ④　　02. ①

9 01. 團　　02. 着

10 01. 團合　02. 展望　03. 親筆
　　04. 着陸　05. 基本

11 01. ③　　02. ⑧　　03. ⑤

한자교육진흥회

1 01. ②　　02. ①　　03. ③

2 01. ③　　02. ④　　03. ③

3 01. ②

4 01. ②　　02. ①

5 01. ②　　02. ②　　03. ③

6 01. ①　　02. ④

7 01. 생각 념　02. 붓 필　03. 둥글 단

8 01. 州　　02. 局　　03. 基

9 01. 백운　02. 염두　03. 착용

10 01. 耳　　02. 局　　03. 到

11 望

12 ④

13 ②

3단계

연습문제　　　　　　　　　　p.62

1
숙 ——— 宿
말　　　元
원　　　馬
로　　　勞
마　　　牛
우　　　末

2
貝　イ　周　苟　宀

攵　才　毛　士　辶

공경 경　재물 재　집 택　섬길 사　돌 주

3 宿所, 價値, 敬老

4

기출 · 예상문제　　　　　　　　　　p.64

한국어문회

1 01. 값 가　02. 섬길 사　03. 집 택

2 01. 牛　　02. 末　　03. 元

3 01. 價　　02. 勞

4 01. 경례　02. 재산　03. 합숙
　　04. 노고　05. 매주

5 01. 勞

6 01. 仕   02. 宅

7 01. ④   02. ③   03. ⑥

8 01. ④   02. ①

9 01. 敬   02. 馬

10 01. 敬老   02. 財物   03. 元祖
      04. 宿所   05. 週末

11 01. ⑤   02. ③   03. ⑨

한자교육진흥회

1 01. ④   02. ②   03. ④

2 01. ③   02. ③   03. ①

3 01. ②

4 01. ④   02. ②

5 01. ④   02. ①   03. ③

6 01. ②   02. ①

7 01. 재물 재 02. 일할 로 03. 공경 경

8 01. 宿   02. 馬   03. 仕

9 01. 노고   02. 재단   03. 원로

10 01. 週   02. 牛

11 敬

12 ④

13 ④

4단계

연습문제
p.82

1

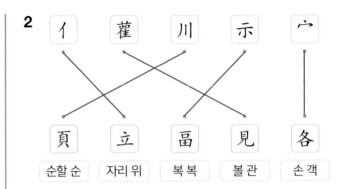

2

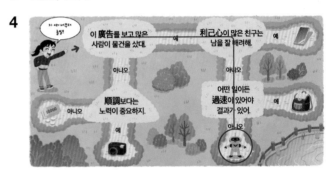

순할 순 자리 위 복 복 볼 관 손 객

3 觀察, 經典

4

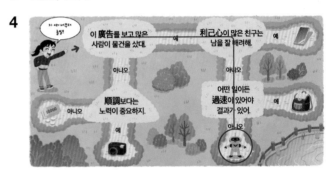

기출 · 예상문제
p.84

한국어문회

1 01. 손 객   02. 순할 순 03. 몸 기

2 01. 位   02. 告   03. 羊

3 01. 広   02. 旧   03. 观/观/観

4 01. 식순   02. 과로   03. 관념
    04. 광고   05. 행복

5 01. 舊   02. 過

6 01. 典

7 01. ②   02. ⑥   03. ③

8 01. ③   02. ②

9 01. 客   02. 己

10 01. 告白   02. 方位   03. 過小
    04. 自己   05. 客觀

11 01. ②   02. ⑤   03. ③

한자교육진흥회

1 01. ②　　02. ①　　03. ④

2 01. ②　　02. ③　　03. ①

3 01. ④

4 01. ③　　02. ①

5 01. ④　　02. ③　　03. ②

6 01. ②　　02. ①

7 01. 복 복　02. 예 구　03. 넓을 광

8 01. 典　　02. 己　　03. 順

9 01. 광장　　02. 관광　　03. 순리

10 01. 己　　02. 觀

11 告

12 ④

13 ②

5단계

연습문제
p.100

1

2

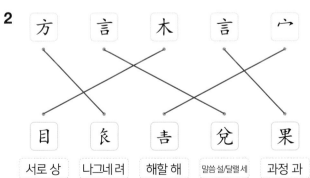

方	言	木	言	宀
目	艮	害	兌	果
서로 상	나그네 려	해할 해	말씀 설/달랠 세	과정 과

3 손해, 악취, 우산, 참여, 상관

---

4 年歲, 解說

　　旅費, 育兒　　퍼즐 - ❸

기출·예상문제
p.102

한국어문회

1 01. 참여할참　02. 나그네려　03. 과정 과

2 01. 雨　　02. 相　　03. 害

3 01. 惡　　02. 参　　03. 兒　　04. 岁/崴

4 01. 상관　　02. 설명　　03. 참관
　　04. 세시　　05. 흉악

5 01. 害

6 01. 說　　02. 兒

7 01. ⑥　　02. ①　　03. ⑤

8 01. ②　　02. ③

9 01. 相　　02. 雨

10 01. 惡法　　02. 育兒　　03. 課外
　　04. 雨衣　　05. 水害

11 01. ③　　02. ⑥　　03. ④

한자교육진흥회

1 01. ④　　02. ②　　03. ③

2 01. ①　　02. ④　　03. ②

3 01. ①

4 01. ②　　02. ②

5 01. ③　　02. ①　　03. ④

6 01. ④　　02. ③

7 01. 말씀 설　02. 서로 상　03. 해 세

8 01. 惡　　02. 說　　03. 兒

9 01. 방과　　02. 수상　　03. 세시

10 01. 歲　　02. 說

11 說

12 ①

13 ④

한국어문회 5급Ⅱ 모의고사 제1회 정답

1	경례	11	필두	21	사전	31	유실	41	터 기	51	구름 운	61	部	71	④	81	②	91	老後
2	소망	12	필요	22	국면	32	별지	42	씻을 세	52	느낄 감	62	急	72	②	82	①	92	方道
3	위력	13	황토	23	수석	33	병실	43	무리 류	53	참여할 참	63	理	73	⑤	83	作業	93	平和
4	동복	14	전설	24	교우	34	교재	44	묶을 속	54	그림 화	64	図	74	③	84	電話	94	窓門
5	과속	15	통로	25	우의	35	조절	45	이를 도	55	큰바다 양	65	対	75	①	85	昨年	95	集中
6	효과	16	세월	26	충분	36	능할 능	46	신하 신	56	신선 선	66	来	76	④	86	花草	96	有用
7	독특	17	상관	27	관광	37	받들 봉	47	겨레 족	57	바탕 질	67	⑤	77	⑥	87	世代	97	天下
8	흉악	18	가객	28	형식	38	벼슬 사	48	펼 전	58	재물 재	68	②	78	③	88	公共	98	⑤
9	과외	19	정착	29	명품	39	집 택	49	해할 해	59	始	69	①	79	⑤	89	心氣	99	⑥
10	명랑	20	상점	30	애정	40	복 복	50	돌 주	60	堂	70	⑧	80	⑦	90	現場	100	⑤

한국어문회 5급Ⅱ 모의고사 제2회 정답

1	통속	11	일절	21	매주	31	약재	41	서로 상	51	본받을 효	61	術	71	③	81	③	91	發表
2	식순	12	참견	22	단체	32	염두	42	넓을 광	52	바랄 망	62	短	72	②	82	①	92	消風
3	유례	13	양복	23	신념	33	우정	43	격식 격	53	붓 필	63	現	73	①	83	放出	93	作動
4	재물	14	승산	24	당도	34	주목	44	홀로 독	54	법 법	64	學	74	④	84	登山	94	代理
5	온실	15	노사	25	수해	35	훈련	45	고을 주	55	손 객	65	數	75	⑥	85	正直	95	所聞
6	읍장	16	형국	26	친구	36	밝을 랑	46	붙을 착	56	과정 과	66	讀	76	①	86	天運	96	白雪
7	기본	17	번호	27	주관	37	값 가	47	지날 과	57	공경 경	67	①	77	④	87	入力	97	和答
8	여행	18	향상	28	질감	38	몸 기	48	악할 악	58	흐를 류	68	⑥	78	⑥	88	家庭	98	⑥
9	복리	19	특별	29	양식	39	법 전	49	해 세	59	新	69	⑦	79	⑤	89	對等	99	⑧
10	세수	20	운해	30	내실	40	갖출 구	50	장사 상	60	高	70	⑤	80	⑥	90	共有	100	⑥

한자교육진흥회 준5급 모의고사 제1회 정답

1	④	11	②	21	③	31	적을 소	41	玉	51	수건	61	입주	71	平	81	先祖	91	행복
2	①	12	④	22	③	32	귀 이	42	洞	52	효자	62	육림	72	校	82	馬車	92	은행
3	④	13	①	23	②	33	한나라 한	43	牛	53	동향	63	해녀	73	草	83	安心	93	예금
4	②	14	③	24	②	34	말씀 어	44	休	54	삼한	64	공백	74	今	84	기사	94	유통
5	②	15	②	25	④	35	합할 합	45	敎	55	외래	65	하의	75	物	85	투표	95	액체
6	③	16	④	26	①	36	늙을 로	46	內	56	천만	66	본분	76	世	86	화제	96	예절
7	①	17	③	27	②	37	대신할 대	47	室	57	사방	67	월말	77	學	87	판매	97	농촌
8	③	18	③	28	③	38	양 양	48	弟	58	면목	68	중립	78	軍	88	감상	98	연표
9	③	19	①	29	②	39	날 생	49	民	59	육촌	69	복석	79	己→氣	89	선택	99	國
10	②	20	①	30	①	40	있을 유	50	所	60	문전	70	수위	80	長→場	90	음악	100	色

한자교육진흥회 준5급 모의고사 제2회 정답

1	①	11	①	21	①	31	안 내	41	百	51	한자	61	선생	71	方	81	海物	91	도시
2	②	12	③	22	②	32	올 래	42	女	52	식목	62	한우	72	車	82	自己	92	관찰
3	④	13	①	23	③	33	밥 식 / 먹을 식	43	江	53	분립	63	휴일	73	王	83	空氣	93	국보
4	②	14	②	24	②	34	근본 본	44	有	54	매년	64	이목	74	登	84	역사	94	시
5	②	15	④	25	④	35	노래 가	45	午	55	월말	65	민주	75	室	85	묘사	95	행동
6	③	16	③	26	①	36	마을 리	46	羊	56	공사	66	옥색	76	名	86	우주	96	고체
7	③	17	④	27	②	37	일만 만	47	住	57	합동	67	세자	77	道	87	단위	97	퇴적
8	④	18	④	28	④	38	바 소	48	軍	58	구어	68	수족	78	馬	88	문단	98	질서
9	②	19	②	29	②	39	뒤 후	49	心	59	조모	69	수초	79	電→全	89	화석	99	平
10	①	20	①	30	①	40	수풀 림	50	巾	60	중간	70	대입	80	男→南	90	관광객	100	問

★ 저자소개

허은지

명지대학교 중어중문학과 박사 수료
상상한자중국어연구소 대표
명지대 미래교육원 중국어 과정 지도교수
마포고, 세화고, 화곡중 출강
<하오빵어린이중국어 발음편> 시사중국어사, 공저
<쑥쑥 급수한자 8급·7급·6급 상하·준5급 상하> 제이플러스, 공저

박진미

성균관대학교 중어중문학과 졸업
성균관대학교 교육대학원 중국어교육 석사
(전) 종로 고려중국어학원 HSK 강의
(현) 상상한자중국어연구소 대표 강사
(현) 성균관쑥쑥한자교습소 원장
학동초 방과후학교 한자 강사
<8822 HSK 어휘 갑을병정 전3권> 다락원, 공동편역
<꼬치꼬치 HSK 듣기/어법> YBM시사, 공저
<쑥쑥 급수한자 8급·7급·6급 상하·준5급 상하> 제이플러스, 공저

윤혜정

선문대학교 한중통번역대학원 석사 수료
상상한자중국어연구소 대표 강사
와우윤샘한자중국어공부방 운영
다솔초, 갈천초 방과후학교 한자 강사
<쑥쑥 급수한자 8급·7급·6급 상하·준5급 상하> 제이플러스, 공저

쑥쑥 급수한자 준5급하

초판 발행	2024년 5월 20일
저자	허은지 · 박진미 · 윤혜정
발행인	이기선
발행처	제이플러스
삽화	김효지
등록번호	제10-1680호
등록일자	1998년 12월 9일
주소	경기도 고양시 덕양구 향동로 217 KA1312
구입문의	02-332-8320
팩스	02-332-8321
홈페이지	www.jplus114.com
ISBN	979-11-5601-257-3

한자 능력 검정시험 모의고사

＊한국어문회형 2회, 한자교육진흥회형 2회 총 4회의 모의고사 문제입니다.
정답지는 표시선을 따라 잘라서 준비해 주세요.

▶정답 p.126~p.127

5級 II

100문항 / 50분 시험

*성명과 수험번호를 쓰고 문제지와 답안지는 함께 제출하세요.

성명 (　　　　　) 수험번호 ☐☐☐ - ☐☐ - ☐☐☐☐

[問 1-35] 다음 밑줄 친 漢字語의 讀音을 쓰세요.

[1] 다음은 국기에 대한 敬禮가 있겠으니 모두 기립해 주시기 바랍니다.

[2] 모든 부모의 所望은 자식의 행복이다.

[3] 어떤 문명도 태풍 같은 대자연의 偉力 앞에서는 한없이 약해진다.

[4] 날씨가 쌀쌀해져서 冬服으로 바꿔 입었다.

[5] 빗길에서 過速은 매우 위험합니다.

[6] 이 비누는 세정 效果가 뛰어나면서도 피부 자극이 적다.

[7] 그의 獨特한 음악 세계는 많은 찬사를 받고 있다.

[8] 곧바로 凶惡한 범인이 잡혔다.

[9] 課外 열풍으로 가계에서 교육비가 차지하는 비중이 점점 높아지고 있다.

[10] 내 친구는 성격이 明朗하고 솔직하다.

[11] 반장을 筆頭로 체육대회에 모든 노력을 기울였다.

[12] 과일이 잘 익으려면 충분한 햇볕이 必要하다.

[13] 이곳은 黃土 땅이라 고구마 심기에 좋다.

[14] 할머니는 아이들에게 마을의 傳說을 이야기해 주셨다.

[15] 트럭 한 대가 주차장 通路를 막고 서 있다.

[16] 歲月은 사람을 기다리지 않고 흘러간다.

[17] 그녀가 어떠한 결정을 내리든 相關하지 않겠다.

[18] 시와 음악을 즐기는 歌客들이 주로 이 정자를 찾았다.

[19] 인류는 농사를 짓기 시작하면서 定着 생활을 했다.

[20] 아침 일찍 商店마다 문을 열어 장사할 준비를 한다.

[21] 한국 민속 事典에서 단오에 대한 설명을 찾아보았다.

[22] 코로나 이후 세계 정세가 새로운 局面을 맞이하고 있다.

[23] 그는 우리측 首席대표로 국제회의에 참석했다.

[24] 내 친구는 交友 관계가 원만하다.

[25] 갑자기 비가 내려서 준비한 雨衣를 걸쳐 입었다.

[26] 시간이 充分하지 않지만 최선을 다하겠다.

[27] 제주도는 천혜의 절경을 자랑하고 있는 觀光의 명소이다.

[28] 효라는 것은 形式 보다는 내용이 더욱 중요하다.

[29] 그가 만드는 활은 과연 <u>名品</u>이었다.

[30] 선생님은 우리말에 대한 <u>愛情</u>과 관심이 남다른 분이시다.

[31] 긴 장마로 많은 논의 흙이 <u>流失</u>되어 복구를 해야만 한다.

[32] 자세한 내용은 첨부된 <u>別紙</u>를 참고하시오.

[33] 나는 꽃다발을 들고 친구의 <u>病室</u>로 문병을 갔다.

[34] 이 <u>教材</u>는 우리 담임선생님께서 직접 쓰신 것이다.

[35] 당뇨에는 탄수화물 <u>調節</u>과 적절한 운동이 필요하다.

[問 36-58] 다음 漢字의 訓과 音을 쓰세요.

[36] 能 [37] 奉

[38] 仕 [39] 宅

[40] 福 [41] 基

[42] 洗 [43] 類

[44] 束 [45] 到

[46] 臣 [47] 族

[48] 展 [49] 害

[50] 週 [51] 雲

[52] 感 [53] 參

[54] 畫 [55] 洋

[56] 仙 [57] 質

[58] 財

[問 59-63] 다음 訓과 音을 가진 漢字를 쓰세요.

[59] 비로소 시

[60] 집 당

[61] 떼 부

[62] 급할 급

[63] 다스릴 리

[問 64-66] 다음 漢字의 약자(略字: 획수를 줄인 漢字)를 쓰세요.

[64] 圖

[65] 對

[66] 來

[問 67-69] 다음 밑줄 친 漢字와 뜻이 반대(또는 상대)되는 漢字를 <보기>에서 찾아 그 번호를 쓰세요.

```
─────────── 보기 ───────────
① 海   ② 舊   ③ 利   ④ 京
⑤ 勞   ⑥ 數   ⑦ 性   ⑧ 南
```

[67] (　)使는 밤샘 협상 끝에 서로 합의했다.

[68] 갈수록 新(　)세대 간의 문화적 차이가 두드러진다.

[69] 적을 몰아내기 위해서 (　)陸 양면에서 공격을 준비했다.

[問 70-72] 다음 漢字와 뜻이 같거나 비슷한 漢字를 <보기>에서 찾아 그 번호를 쓰세요.

---- 보기 ----
① 活 ② 識 ③ 東 ④ 童
⑤ 食 ⑥ 遠 ⑦ 的 ⑧ 練

[70] 무엇이든 꾸준히 ( )쩝해야 실력이 는다.

[71] 이번 대회는 8세 兒( )을 대상으로 개최된다.

[72] 교사는 학생과 知( )을 연결해 주는 매개자 역할을 한다.

[問 73-75] 다음 제시한 뜻을 가진 同音語를 <보기>에서 찾아 그 번호를 쓰세요.

---- 보기 ----
① 高價 ② 江水 ③ 米飮
④ 市朝 ⑤ 植樹 ⑥ 開校

[73] 食水 - ( ) : 나무를 심음

[74] 美音 - ( ) : 쌀을 푹 끓여 체에 걸러낸 걸쭉한 음식

[75] 古家 - ( ) : 비싼 가격

[問 76-78] 다음 뜻에 맞는 漢字語를 <보기>에서 찾아 그 번호를 쓰세요.

---- 보기 ----
① 順利 ② 軍士 ③ 奉養
④ 順産 ⑤ 實體 ⑥ 勇兵

[76] 산모가 아무 탈 없이 순조롭게 아이를 낳음.

[77] 용감한 군사

[78] 부모와 같은 웃어른을 받들어 모심.

[問 79-82] 다음 뜻을 가진 사자성어가 되도록 ( ) 안에 들어갈 적절한 漢字語를 <보기>에서 찾아 그 번호로 쓰세요.

---- 보기 ----
① 古 ② 手 ③ 卒 ④ 合
⑤ 團 ⑥ 在 ⑦ 以 ⑧ 水

[79] 大同( )結 : 여러 집단이나 사람이 어떤 목적을 이루려고 크게 한 덩어리로 뭉침.

[80] ( )實直告 : 사실 그대로 고함.

[81] 自( )成家 : 자기 혼자 힘으로 재산을 많이 모음.

[82] 萬( )不變 : 아주 오랜 세월동안 변하지 아니함.

계속 →

[問 83-97] 다음 문장의 밑줄 친 漢字語를 漢字로 쓰세요.

[83] 이 일은 정밀함을 필요로 하는 <u>작업</u>이다.

[84] 시험시간에는 반드시 휴대전화의 전원을 끕니다.

[85] <u>작년</u> 겨울은 정말 추웠다.

[86] 난초는 기르기 까다로운 <u>화초</u>이다.

[87] 케이팝은 젊은 <u>세대</u>에게 폭발적인 인기를 얻고 있다.

[88] 집 근처에 병원과 도서관 같은 <u>공공</u>시설이 생겨서 생활이 편해졌다.

[89] 요즘 어머님의 <u>심기</u>가 매우 불편하시다.

[90] 많은 사람들이 사고 <u>현장</u>에 모여 구조 작업을 도왔다.

[91] 그는 <u>노후</u>를 대비하여 저축을 했다.

[92] 내일까지 해결할 <u>방도</u>를 마련하기로 했다.

[93] 어린애의 잠자는 얼굴은 고요하고 <u>평화</u>롭다.

[94] <u>창문</u>을 열어 탁한 공기를 밖으로 내보냈다.

[95] 분위기가 산만해서 <u>집중</u>이 되지 않는다.

[96] 여행 갈 때 만일을 대비해 여분의 옷을 가져가면 <u>유용</u>하게 쓰인다.

[97] 그 식당은 음식 맛이 <u>천하</u>일품이다.

[問 98-100] 다음 漢字의 짙게 표시한 획은 몇 번째 쓰는 획인지 <보기>에서 찾아 그 번호를 쓰세요.

보기

① 첫 번째   ② 두 번째
③ 세 번째   ④ 네 번째
⑤ 다섯 번째   ⑥ 여섯 번째
⑦ 일곱 번째   ⑧ 여덟 번째
⑨ 아홉 번째   ⑩ 열 번째

[98] 晝

[99] 雨

[100] 約

♣ 수고하셨습니다.

5級 II

100문항 / 50분 시험

*성명과 수험번호를 쓰고 문제지와 답안지는 함께 제출하세요.

성명 (   )   수험번호 □□□ - □□ - □□□□

[問 1-35] 다음 밑줄 친 漢字語의 讀音을 쓰세요.

[1] <u>通俗</u>적인 재미 이외에도 독자들의 구매 동기를 유발하는 것은 많이 있다.

[2] <u>式順</u>에 따라 졸업식을 거행하였다.

[3] 이번 사건은 역사상 <u>類例</u>없는 일이다.

[4] 그는 <u>財物</u>은 적지만 마음이 넉넉하다.

[5] 삼촌은 <u>溫室</u>에 온갖 화초를 심어 기르고 있다.

[6] 그녀는 최초의 여성 <u>邑長</u>이다.

[7] 피아노는 모든 악기의 <u>基本</u>이 된다.

[8] 시험이 끝나면 가족들과 제주도로 <u>旅行</u>을 갈 생각이다.

[9] 국민의 자유와 <u>福利</u>를 증진하는 것이 대통령의 으뜸가는 직무이다.

[10] 너무 바빠서 <u>洗手</u>도 못 하고 출근하였다.

[11] 그는 자기 가족에 관한 이야기를 어느 누구에게도 <u>一切</u> 하지 않았다.

[12] 괜히 남의 일에 <u>參見</u>하여 입장이 난처해졌다.

[13] 부장 승진기념으로 <u>洋服</u>을 새로 한 벌 맞추었다.

[14] 이 시합에서 <u>勝算</u>이 있는지 먼저 철저하게 검토해야 한다.

[15] <u>勞使</u>는 밤샘 협상 끝에 서로 합의했다.

[16] 사방에 경쟁자들이 깔린 <u>形局</u>이다.

[17] 접속하려면 아이디와 비밀<u>番號</u>를 입력하시오.

[18] 생활 수준의 <u>向上</u>으로 소비자의 욕구가 다양해지고 있다.

[19] 그 가수는 데뷔 20주년을 맞아 <u>特別</u> 공연을 열 예정이다.

[20] 비행기를 타면 파란 하늘과 끝없는 <u>雲海</u>를 볼 수 있어요.

[21] 나는 신문에 <u>每週</u> 실리는 그 작가의 글을 재미있게 읽고 있다.

[22] 군대는 <u>團體</u>가 함께 생활하는 대표적인 집단이다.

[23] 나는 동생이 '하면 된다'는 <u>信念</u>을 갖기를 바랐다.

[24] 그들은 다른 일행보다 산 정상에 먼저 <u>當到</u>했다.

[25] 올해는 <u>水害</u>와 병충해로 농사를 망쳤다.

[26] 그 <u>親舊</u>라면 이번 일을 맡겨도 될 것 같다.

[27] 그는 목표 의식이 강하고 <u>主觀</u>이 뚜렷한 편이다.

[28] 그 가구는 자연적인 나무의 <u>質感</u>을 강조했다.

[29] 아무 데나 침을 뱉는 것은 <u>良識</u> 있는 행동이 아니다.

[30] 우리 학회는 설립된 지 얼마 되지 않아 아직 <u>內實</u>이 충분히 다져지지 않았다.

[31] 이 풀은 식용, <u>藥材</u>, 그리고 화장품의 원료로 쓰이는 다용도 작물이다.

[32] 아이들과 놀이할 때에는 재미를 <u>念頭</u>에 두어야 한다.

[33] 어떤 시련도 그들의 참된 <u>友情</u>을 갈라놓지는 못했다.

[34] 그녀는 우리나라 영화계를 이끌고 갈 차세대로 <u>注目</u> 받고 있다.

[35] 아동은 놀이 <u>訓練</u>을 통해 심리적으로나 신체적으로 발달한다.

[問 36-58] 다음 漢字의 訓과 音을 쓰세요.

[36]	朗	[37]	價
[38]	己	[39]	典
[40]	具	[41]	相
[42]	廣	[43]	格
[44]	獨	[45]	州
[46]	着	[47]	過
[48]	惡	[49]	歲
[50]	商	[51]	效
[52]	望	[53]	筆
[54]	法	[55]	客
[56]	課	[57]	敬
[58]	流		

[問 59-63] 다음 訓과 音을 가진 漢字를 쓰세요.

[59] 새 신

[60] 높을 고

[61] 저주 술

[62] 짧을 단

[63] 나타날 현

[問 64-66] 다음 漢字의 약자(略字: 획수를 줄인 漢字)를 쓰세요.

[64] 學

[65] 數

[66] 讀

[問 67-69] 다음 밑줄 친 漢字와 뜻이 반대(또는 상대)되는 漢字를 <보기>에서 찾아 그 번호를 쓰세요.

보기

① 遠 ② 園 ③ 小 ④ 死
⑤ 必 ⑥ 少 ⑦ 朝 ⑧ 的

---

[67] 이 작품에 사용된 (　　)近법은 착시 현상을 일으킨다.

[68] 그 사람은 多(　　) 과장된 몸짓으로 놀라는 척했다.

[69] 그는 하루도 빠짐없이 부모님께 (　　)夕으로 문안을 드린다.

[問 70-72] 다음 漢字와 뜻이 같거나 비슷한 漢字를 <보기>에서 찾아 그 번호를 쓰세요.

보기
① 結　② 集　③ 約　④ 關
⑤ 仕　⑥ 養　⑦ 强　⑧ 業

[70] 그 병원은 방학 때마다 섬으로 의료 奉(　)를 떠난다.

[71] 그녀는 (　)束보다 두 시간이나 늦게 도착하였다.

[72] 모든 학생들이 운동장에 (　)合했다.

[問 73-75] 다음 제시한 뜻을 가진 同音語를 <보기>에서 찾아 그 번호를 쓰세요.

보기
① 始祖　② 軍事　③ 使氣
④ 軍史　⑤ 市朝　⑥ 士氣

[73] 時調 – (　) : 맨 처음이 되는 조상

[74] 郡事 – (　) : 군대의 역사

[75] 史記 – (　) : 굽힐 줄 모르는 기세

[問 76-78] 다음 뜻에 맞는 漢字語를 <보기>에서 찾아 그 번호를 쓰세요.

보기
① 宅地　② 陽地　③ 計算
④ 開店　⑤ 宿食　⑥ 部首

[76] 집을 지을 땅.

[77] 새로 가게를 내어 처음으로 영업을 시작함.

[78] 한자 자전에서 글자를 찾는 길잡이 역할을 하는 공통되는 글자의 한 부분.

[問 79-82] 다음 뜻을 가진 사자성어가 되도록 (　) 안에 들어갈 적절한 漢字語를 <보기>에서 찾아 그 번호로 쓰세요.

보기
① 不　② 德　③ 知　④ 樂
⑤ 來　⑥ 決　⑦ 元　⑧ 定

[79] 自古以(　) : 예로부터 지금까지의 동안.

[80] 速戰速(　) : 싸움을 오래 끌지 아니하고 빨리 몰아쳐 이기고 짐을 결정함.

[81] 安分(　)足 : 편안한 마음으로 제 분수를 지키며 만족할 줄 앎.

[82] 語(　)成說 : 말이 조금도 사리에 맞지 아니함.

계속 →

[問 83-97] 다음 문장의 밑줄 친 漢字語를 漢字로 쓰세요.

[83] 태양은 막대한 양의 열에너지를 <u>방출</u>한다.

[84] 나는 주말에 가족들과 <u>등산</u>이나 낚시를 즐긴다.

[85] 아버지는 늘 <u>정직</u>을 생활신조로 삼았다.

[86] 폭설과 강풍을 뚫고 등반에 성공하다니 <u>천운</u>이 아닐 수 없다.

[87] 고객의 명단을 전부 컴퓨터에 <u>입력</u>해야 한다.

[88] 오빠는 결혼하여 한 <u>가정</u>을 이루었다.

[89] 두 팀은 실력이 <u>대등</u>해서 결과를 예상하기 어렵다.

[90] 인터넷을 통해 다양한 정보의 <u>공유</u>가 가능해졌다.

[91] 오늘은 대학 합격자 <u>발표</u>가 있는 날이다.

[92] 내일 <u>소풍</u>을 간다는 사실에 아이들은 모두 들떠 있었다.

[93] 이 제품은 원터치로 모든 기능이 <u>작동</u>합니다.

[94] 응시 원서는 가족이 <u>대리</u>로 접수할 수 있다.

[95] 허준은 당대의 명의로 <u>소문</u>나 있었다.

[96] 밤새 내린 눈에 세상은 온통 <u>백설</u>로 뒤덮여 있었다.

[97] 그의 웃음에 <u>화답</u>하는 뜻으로 나는 미소를 지었다.

[問 98-100] 다음 漢字의 짙게 표시한 획은 몇 번째 쓰는 획인지 <보기>에서 찾아 그 번호를 쓰세요.

보기

① 첫 번째   ② 두 번째
③ 세 번째   ④ 네 번째
⑤ 다섯 번째   ⑥ 여섯 번째
⑦ 일곱 번째   ⑧ 여덟 번째
⑨ 아홉 번째   ⑩ 열 번째
⑪ 열한 번째

[98] 要

[99] 夜

[100] 效

♣ 수고하셨습니다.

100문항 / 60분 시험
객 30 / 주 70

한자교육진흥회 [준5급] 모의고사 제1회 문제지

객관식 (1~30번)

※ [　]안의 한자와 음(소리)이 같은 한자는?

1. [夫]　① 正　② 天　③ 人　④ 不

2. [字]　① 自　② 全　③ 日　④ 後

3. [九]　① 川　② 六　③ 月　④ 口

4. [五]　① 家　② 午　③ 男　④ 足

※ [　]안의 한자의 뜻으로 알맞은 것은?

5. [電]　① 구름 ② 번개 ③ 비　④ 눈

6. [邑]　① 서울 ② 구름 ③ 고을 ④ 비

7. [姓]　① 성씨 ② 갖다 ③ 낳다 ④ 성품

8. [問]　① 닫다 ② 듣다 ③ 묻다 ④ 열다

9. [力]　① 아홉 ② 칼　③ 힘　④ 일곱

10. [每]　① 바다 ② 매양 ③ 어머니 ④ 형제

※ [　]안의 한자와 뜻이 반대되거나 상대되는 한자는?

11. [右]　① 主　② 左　③ 王　④ 市

12. [南]　① 不　② 大　③ 火　④ 北

※ <보기>의 단어들과 가장 관련이 깊은 한자는?

13. | 보기 | 고향　동네　고을 |

① 里　② 西　③ 山　④ 父

14. | 보기 | 제주　강원　경기 |

① 工　② 時　③ 道　④ 母

15. | 보기 | 응　예　네 |

① 土　② 答　③ 兄　④ 間

※ [　]안의 한자어의 독음(소리)으로 알맞은 것은?

16. [約束]　① 단속 ② 결속 ③ 구속 ④ 약속

17. [討論]　① 결론 ② 언론 ③ 토론 ④ 의논

18. [偏見]　① 고견 ② 의견 ③ 편견 ④ 발견

19. [俗談]　① 속담 ② 민담 ③ 덕담 ④ 미담

20. [便紙]　① 편지 ② 휴지 ③ 갱지 ④ 간지

※ [　]안의 한자어의 뜻으로 알맞은 것은?

21. [韓半島]

① 사람이 살지 않는 섬.
② 주변보다 기온이 높은 도시 지역.
③ 남한과 북한을 지리적인 특성으로 묶어 이르는 말.
④ 길게 줄지어 있는 여러 섬.

22. [分銅]

① 서로 나뉘어 떨어짐.
② 얽혀 있거나 복잡한 것을 풀어서 개별적인 요소나 성질로 나눔.
③ 무게를 달 때, 무게의 표준이 되는 추.
④ 아주 가까운 거리.

23. [體操]

① 기체와 액체를 아울러 이르는 말.
② 신체 각 부분의 고른 발육과 건강의 증진을 위하여 일정한 형식으로 몸을 움직임.
③ 균형에 맞게 바로 잡음.
④ 흥미나 관심을 일으키는 대상.

24. [預金]

① 돈과 물품을 아울러 이르는 말.
② 일정한 계약에 의하여 은행이나 우체국 따위에 돈을 맡기는 일.
③ 실제로 있는 물건이나 사람.
④ 돈이나 물건 따위를 빌려주거나 빌림.

25. [讓步]

① 어떤 목표를 향하여 나아감.
② 몸의 모양이나 태도를 바꿈.
③ 남이 잘되기를 비는 말.
④ 길이나 자리, 물건 따위를 내주고 물러남.

※ [   ] 안에 들어갈 한자어로 알맞은 것은?

26. [   ]들과 함께 식물원에 놀러 갔다.

① 家族   ② 堆積   ③ 化石   ④ 地層

27. 한 편의 글은 [   ]라는/이라는 작은 묶음들로 구성된다.

① 想像   ② 文段   ③ 歷史   ④ 經濟

28. 관련 [   ]을/를 수집하여 책으로 펴냈다.

① 單位   ② 宇宙   ③ 資料   ④ 描寫

29. [   ]이/가 나가자 구입 문의 전화가 빗발쳤다.

① 微笑   ② 廣告   ③ 秩序   ④ 規則

30. 이 그림을 보고 [   ]되는 낱말을 하나씩 열거하시오.

① 聯想   ② 反省   ③ 素材   ④ 縮尺

주관식 (31~100번)

※ 다음 한자의 훈(뜻)과 음(소리)을 한글로 쓰시오.

31. 少 (   )

32. 耳 (   )

33. 漢 (   )

34. 語 (   )

35. 合 (   )

36. 老 (   )

37. 代 (   )

38. 羊 (   )

39. 生 (   )

40. 有 (   )

※ 훈과 음에 맞는 한자를 <보기>에서 찾아 쓰시오.

보기	休 民 玉 室 敎 弟 洞 所 內 牛

41. 구슬   옥   (   )

42. 골   동   (   )

43. 소   우   (   )

44. 쉴   휴   (   )

45. 가르칠 교   (   )

46. 안   내   (   )

계속 →

47. 집   실   (   )

48. 아우   제   (   )

49. 백성   민   (   )

50. 바   소   (   )

※ 한자어의 독음을 한글로 쓰시오.

51. 手巾   (   )

52. 孝子   (   )

53. 東向   (   )

54. 三韓   (   )

55. 外來   (   )

56. 千萬   (   )

57. 四方   (   )

58. 面目   (   )

59. 六寸   (   )

60. 門前   (   )

61. 入住   (   )

62. 育林   (   )

63. 海女   (   )

64. 空白   (   )

65. 下衣   (   )

66. 本分   (   )

67. 月末   (   )

68. 中立   (   )

69. 木石   (   )

70. 水位   (   )

※ <보기>의 뜻을 참고하여 〇안에 공통으로 들어갈 한자를 쓰시오.

71. (1) 水〇   (2) 不〇   (   )

| 보기 | (1) 기울지 않고 평평한 상태. |
| | (2) 마음에 들지 않아 못마땅하게 여김. |

72. (1) 〇歌   (2) 下〇   (   )

| 보기 | (1) 학교를 상징하는 노래. |
| | (2) 공부를 마치고 학교에서 집으로 돌아옴. |

73. (1) 〇食   (2) 〇地   (   )

| 보기 | (1) 주로 풀이나 푸성귀만 먹고 삶. |
| | (2) 풀이 나 있는 땅. |

74. (1) 〇方   (2) 古〇   (   )

| 보기 | (1) 말하고 있는 시점보다 바로 조금 전에. |
| | (2) 예전과 지금을 아울러 이르는 말. |

75. (1) 植〇   (2) 事〇   (   )

| 보기 | (1) 생물 중 동물과 구별되는 한 무리. |
| | (2) 일과 물건을 아울러 이르는 말. |

※ 〇안에 공통으로 들어갈 한자를 <보기>에서 찾아 쓰시오.

| 보기 | 軍 學 天 七 世 |

76. 〇上   〇間   出〇   (   )

77. 〇年   大〇   文〇   (   )

78. 〇人   青〇   〇士   (   )

※ 문장에서 잘못 쓴 한자를 바르게 고쳐 쓰시오. (단, 음이 같은 한자로 고칠 것)

79. 부모님은 同己끼리 사이좋게 지내야 한다고 강조하셨다. (　　　→　　　)

80. 그녀는 관객들의 환호와 박수 속에 무대 위로 登長했다. (　　　→　　　)

※ [　]의 단어를 한자로 쓰시오.

81. 이 땅에는 우리 [선조]가 남긴 귀중한 유산들이 많이 남아 있다. (　　　　　)

82. 우리는 아이와 함께 [마차]를 타고 놀이공원을 한 바퀴 돌았다. (　　　　　)

83. 문단속을 마친 후 [안심]하고 잠에 들었다. (　　　　　)

※ [　]의 한자어 독음을 한글로 쓰시오.

84. 그에 관한 [記事]가 신문에 났다. (　　　　　)

85. [投票] 결과에 사람들의 이목이 집중되었다. (　　　　　)

86. 그는 방송 사상 최고의 시청률로 [話題]가 되었던 드라마 작가이다. (　　　　　)

87. 상품의 [販賣] 현황을 조사하여 보고서로 제출한다. (　　　　　)

88. 세 줄씩 읽고 돌아가며 [感想]을 이야기해 보자. (　　　　　)

89. 자기의 생각을 효과적으로 표현하기 위해서는 알맞은 단어의 [選擇]이 필요하다. (　　　　　)

90. 라디오에서 신나는 [音樂]이 흘러나온다. (　　　　　)

91. 그녀는 화목한 가정에서 [幸福]을 누리며 어린 시절을 보냈다. (　　　　　)

92. 어머니께서는 매달 [銀行]에 꼬박꼬박 저축을 하신다. (　　　　　)

93. 그는 돈이 급히 필요해서 [預金]을 찾아 사용하였다. (　　　　　)

94. [流通] 과정에서 파손된 물품은 교환해 드립니다. (　　　　　)

95. 이 [液體]는 무색무취이며 강한 산성을 띈다. (　　　　　)

96. 우리는 예로부터 [禮節] 교육을 중시 여겨 왔다. (　　　　　)

97. 우리의 농산물을 애용하여 가족의 건강도 지키고 [農村]도 살립시다. (　　　　　)

98. 우리 고장의 변화 과정을 조사하여 [年表]로 작성했다. (　　　　　)

※ 한자성어의 설명을 읽고 ○ 안에 들어갈 한자를 쓰시오.

99. ○利民福 (　　　　　)

[국리민복] 나라의 이익과 국민의 행복을 아울러 이르는 말.

100. 草綠同○ (　　　　　)

[초록동색] 풀 빛과 녹색은 같은 빛깔이라는 뜻으로 같은 처지의 사람과 어울리는 것을 이르는 말.

　　　　　♣ 수고하셨습니다.

100문항 / 60분 시험

객 30 / 주 70 **한자교육진흥회 [준5급] 모의고사 제2회 문제지**

객관식 (1~30번)

※ [ ]안의 한자와 음(소리)이 같은 한자는?

1. [洞]　① 東　② 父　③ 靑　④ 邑

2. [育]　① 下　② 六　③ 左　④ 九

3. [士]　① 兄　② 五　③ 火　④ 四

4. [場]　① 分　② 長　③ 力　④ 住

※ [ ]안의 한자의 뜻으로 알맞은 것은?

5. [農]　① 집　② 농사　③ 선비　④ 자리

6. [寸]　① 재주　② 부피　③ 마디　④ 마을

7. [右]　① 왼　② 돌　③ 오른　④ 크다

8. [北]　① 동쪽　② 서쪽　③ 남쪽　④ 북쪽

9. [衣]　① 보다　② 옷　③ 밥　④ 제단

10. [前]　① 앞　② 나중　③ 뒤　④ 가운데

※ [ ]안의 한자와 뜻이 반대되거나 상대되는 한자는?

11. [今]　① 古　② 上　③ 金　④ 十

12. [老]　① 小　② 孝　③ 少　④ 千

※ <보기>의 단어들과 가장 관련이 깊은 한자는?

13. | 보기 | 오늘　어제　글피 |
    ① 時　② 山　③ 市　④ 八

14. | 보기 | 마을　도읍지　촌락 |
    ① 弟　② 邑　③ 七　④ 立

15. | 보기 | 어두움　땅거미　노을 |
    ① 外　② 代　③ 國　④ 夕

※ [ ]안의 한자어의 독음(소리)으로 알맞은 것은?

16. [幸福]　① 다복 ② 행운 ③ 행복 ④ 다운

17. [踏査]　① 탐사 ② 검사 ③ 조사 ④ 답사

18. [地層]　① 지층 ② 지진 ③ 지각 ④ 지면

19. [預金]　① 예탁 ② 예금 ③ 적금 ④ 황금

20. [想像]　① 상상 ② 예상 ③ 연상 ④ 환상

※ [ ]안의 한자어의 뜻으로 알맞은 것은?

21. [資料]
    ① 연구나 조사 따위의 바탕이 되는 재료.
    ② 어떤 목표를 향하여 나아감.
    ③ 의견이나 생각 따위가 서로 어긋나서 꼭 맞지 아니함.
    ④ 말과 행동을 아울러 이르는 말.

22. [反省]
    ① 본래 상태로 되돌림.
    ② 자신의 언행에 대하여 잘못이나 부족함이 없는지 돌이켜 봄.
    ③ 자기만의 견해나 관점.
    ④ 전체에서 일부를 줄이거나 뺌.

23. [實踐]

    ① 실제의 상태나 내용.

    ② 위험을 무릅쓰고 어떠한 일을 함.

    ③ 생각한 바를 실제로 행함.

    ④ 혼인하기로 약속함.

24. [音樂]

    ① 밖으로 드러나지 아니하는 성질.

    ② 목소리나 악기를 통하여 사상 또는 감
       정을 나타내는 예술.

    ③ 사람의 목소리나 말소리.

    ④ 기쁜 소식.

25. [文化財]

    ① 구체적인 물체로서 사람의 몸.

    ② 말의 구성 및 운용상의 규칙.

    ③ 육체나 물질에 대립되는 영혼이나 마음.

    ④ 문화 활동에 의하여 창조된 가치가 뛰
       어난 사물.

※ [   ]안에 들어갈 한자어로 알맞은 것은?

26. 용돈 대부분을 책을 사는 데에 [   ]하고 있다.

    ① 支出   ② 素材   ③ 禮節   ④ 經濟

27. 내일 친구와 함께 영화를 보기로 [   ]했다.

    ① 便紙   ② 約束   ③ 家族   ④ 偏見

28. 자신이 [   ]한 일은 자신이 책임을 져야 한다.

    ① 銀行   ② 流通   ③ 讓步   ④ 選擇

29. 지도에서는 땅의 높낮이를 [   ]와/과 색깔
    로 나타낸다.

    ① 不導體 ② 等高線 ③ 對照   ④ 販賣

30. 학문과 사상의 자유는 [   ]와/과 논쟁의 자
    유를 말한다.

    ① 討論   ② 話題   ③ 投票   ④ 俗談

주관식 (31~100번)

※ 다음 한자의 훈(뜻)과 음(소리)을 한글로 쓰시요.

31. 內 (   )

32. 來 (   )

33. 食 (   )

34. 本 (   )

35. 歌 (   )

36. 里 (   )

37. 萬 (   )

38. 所 (   )

39. 後 (   )

40. 林 (   )

※ 훈과 음에 맞는 한자를 <보기>에서 찾아 쓰
시오.

보기	女 羊 巾 住 江 有 軍 百 心 午

41. 일백   백   (   )

42. 여자   녀   (   )

43. 강   강   (   )

44. 있을   유   (   )

45. 낮   오   (   )

계속 →

46. 양   양   (   )

47. 살   주   (   )

48. 군사   군   (   )

49. 마음   심   (   )

50. 수건   건   (   )

※ 한자어의 독음을 한글로 쓰시오.

51. 漢字   (   )

52. 植木   (   )

53. 分立   (   )

54. 每年   (   )

55. 月末   (   )

56. 工事   (   )

57. 合同   (   )

58. 口語   (   )

59. 祖母   (   )

60. 中間   (   )

61. 先生   (   )

62. 韓牛   (   )

63. 休日   (   )

64. 耳目   (   )

65. 民主   (   )

66. 玉色   (   )

67. 世子   (   )

68. 手足   (   )

69. 水草   (   )

70. 代入   (   )

※ <보기>의 뜻을 참고하여 ◯안에 공통으로 들어갈 한자를 쓰시오.

71. (1) ◯位   (2) ◯向   (   )

보기	(1) 동, 서, 남, 북의 네 방향을 기준으로 하여 나타내는 어느 쪽의 위치. (2) 어떤 곳을 향한 쪽.

72. (1) 下◯   (2) 馬◯   (   )

보기	(1) 타고 있던 차에서 내림. (2) 말이 끄는 수레.

73. (1) 大◯   (2) ◯家   (   )

보기	(1) 훌륭하고 뛰어난 임금을 높여 이르는 말. (2) 임금의 집안.

74. (1) ◯山   (2) ◯校   (   )

보기	(1) 산에 오름. (2) 학생이 학교에 감.

75. (1) ◯外   (2) 敎◯   (   )

보기	(1) 방이나 건물 따위의 밖. (2) 학교에서 학습 활동이 이루어지는 방.

※ ◯안에 공통으로 들어갈 한자를 <보기>에서 찾아 쓰시오.

보기	道 名 命 衣 馬

76. 同◯   ◯門   姓◯   (   )

77. 水◯   八◯   人◯   (   )

78. ◯夫   白◯   ◯力   (   )

※ 문장에서 잘못 쓴 한자를 바르게 고쳐 쓰시오.
　(단, 음이 같은 한자로 고칠 것)

79. 비행기가 비상 활주로에 安電하게 착륙하
　　였다. 　　　　　　　(　　　→　　　)

80. 온 국민이 평화적인 男北통일을 원한다.
　　　　　　　　　　　　(　　　→　　　)

※ [　]의 단어를 한자로 쓰시오.

81. 우리는 여름에 바닷가에 놀러가 싱싱한 [해
　　물]로 갖가지 요리를 만들어 먹었다.
　　　　　　　　　　　　(　　　　　　　)

82. 아들은 집에 들어오자마자 [자기] 방으로 들
　　어갔다. 　　　　　　　(　　　　　　　)

83. 늦가을이 되자 새벽 [공기]가 제법 쌀쌀해졌
　　다. 　　　　　　　　　(　　　　　　　)

※ [　]의 한자어 독음을 한글로 쓰시오.

84. 6.25전쟁은 우리 [歷史]에 커다란 자국을 남
　　겼다. 　　　　　　　　(　　　　　　　)

85. 이 그림은 사실적으로 [描寫]되어 있다.
　　　　　　　　　　　　　(　　　　　　　)

86. 인간의 달 착륙은 [宇宙] 시대의 돌입을 알
　　렸다. 　　　　　　　　(　　　　　　　)

87. 전시회에 가족 [單位]의 관람객들이 줄을 잇
　　고 있다. 　　　　　　　(　　　　　　　)

88. 글을 세 [文段]으로 나누고 각각의 내용을
　　요약했다. 　　　　　　(　　　　　　　)

89. 그는 [化石]을 통해 고대의 생물을 연구한
　　다. 　　　　　　　　　(　　　　　　　)

90. 민속촌에 많은 외국 [觀光客]들이 찾아왔다.
　　　　　　　　　　　　(　　　　　　　)

91. 우리 가족은 [都市]생활을 접고 귀농하기로
　　했다. 　　　　　　　　(　　　　　　　)

92. 좋은 작가가 되려면 주변에 대한 [觀察]을
　　게을리 해서는 안 된다. (　　　　　　　)

93. 이 탑은 우리나라의 [國寶]로 보호되고 있
　　다. 　　　　　　　　　(　　　　　　　)

94. 가을 단풍을 보고 [詩] 한 수를 착상하여 메
　　모해 두었다. 　　　　　(　　　　　　　)

95. 그는 자신의 버릇없는 [行動]을 정중히 사과
　　했다. 　　　　　　　　(　　　　　　　)

96. 정부에서 이번에 공개한 로켓은 [固體] 연료
　　를 사용한다. 　　　　　(　　　　　　　)

97. 이곳은 물살이 느리기 때문에 토사의 [堆積]
　　이 많다. 　　　　　　　(　　　　　　　)

98. 물에 잉크가 번져 나가는 현상 속에도 어떤 [秩
　　序]가 숨어 있다. 　　(　　　　　　　)

※ 한자성어의 설명을 읽고 ○ 안에 들어갈 한자
　를 쓰시오.

99. ○地風波　　　　　　(　　　　　　　)

[평지풍파] 평온한 자리에서 일어나는 풍파
라는 뜻으로, 뜻밖에 분쟁이 일어남을 비유적
으로 이르는 말.

100. 不○可知　　　　　　(　　　　　　　)

[불문가지] 묻지 아니하여도 알 수 있음.

※답안지는 컴퓨터로 처리되므로 구기거나 더럽히지 마시고, 정답 칸 안에만 쓰십시오.　　　※ 유성 싸인펜, 붉은색 필기구 사용 불가.
　글씨가 채점란으로 들어오면 오답처리가 됩니다.

한국어문회 5급Ⅱ 모의고사 제1회 답안지 (1)

번호	정답	번호	정답	번호	정답
1		17		33	
2		18		34	
3		19		35	
4		20		36	
5		21		37	
6		22		38	
7		23		39	
8		24		40	
9		25		41	
10		26		42	
11		27		43	
12		28		44	
13		29		45	
14		30		46	
15		31		47	
16		32		48	

※ 본 답안지는 컴퓨터로 처리되므로 구겨지거나 더럽혀지지 않도록 조심하시고 글씨를 칸 안에 또박또박 쓰십시오.

한국어문회 5급 Ⅱ 모의고사 제1회 답안지 (2)

번호	정답	번호	정답	번호	정답
49		67		85	
50		68		86	
51		69		87	
52		70		88	
53		71		89	
54		72		90	
55		73		91	
56		74		92	
57		75		93	
58		76		94	
59		77		95	
60		78		96	
61		79		97	
62		80		98	
63		81		99	
64		82		100	
65		83			
66		84			

※ 본 답안지는 컴퓨터로 처리되므로 구겨지거나 더럽혀지지 않도록 조심하시고 글씨를 칸 안에 또박또박 쓰십시오.

※답안지는 컴퓨터로 처리되므로 구기거나 더럽히지 마시고, 정답 칸 안에만 쓰십시오.　　※ 유성 싸인펜, 붉은색 필기구 사용 불가.
　글씨가 채점란으로 들어오면 오답처리가 됩니다.

한국어문회 5급 Ⅱ 모의고사 제2회 답안지 (1)

번호	정답	번호	정답	번호	정답
1		17		33	
2		18		34	
3		19		35	
4		20		36	
5		21		37	
6		22		38	
7		23		39	
8		24		40	
9		25		41	
10		26		42	
11		27		43	
12		28		44	
13		29		45	
14		30		46	
15		31		47	
16		32		48	

한국어문회 5급Ⅱ 모의고사 제2회 답안지 (2)

번호	정답	번호	정답	번호	정답
49		67		85	
50		68		86	
51		69		87	
52		70		88	
53		71		89	
54		72		90	
55		73		91	
56		74		92	
57		75		93	
58		76		94	
59		77		95	
60		78		96	
61		79		97	
62		80		98	
63		81		99	
64		82		100	
65		83			
66		84			

한자교육진흥회 [준5급] 모의고사 **제1회** 답안지

■ 객관식 ■

1		6		11		16		21		26	
2		7		12		17		22		27	
3		8		13		18		23		28	
4		9		14		19		24		29	
5		10		15		20		25		30	

■ 주관식 ■

31		45		59		73		87	
32		46		60		74		88	
33		47		61		75		89	
34		48		62		76		90	
35		49		63		77		91	
36		50		64		78		92	
37		51		64		79		93	
38		52		66		80		94	
39		53		67		81		95	
40		54		68		82		96	
41		55		69		83		97	
42		56		70		84		98	
43		57		71		85		99	
44		58		72		86		100	

한자교육진흥회 [준5급] 모의고사 제2회 답안지

■ 객관식 ■

1		6		11		16		21		26	
2		7		12		17		22		27	
3		8		13		18		23		28	
4		9		14		19		24		29	
5		10		15		20		25		30	

■ 주관식 ■

31		45		59		73		87	
32		46		60		74		88	
33		47		61		75		89	
34		48		62		76		90	
35		49		63		77		91	
36		50		64		78		92	
37		51		64		79		93	
38		52		66		80		94	
39		53		67		81		95	
40		54		68		82		96	
41		55		69		83		97	
42		56		70		84		98	
43		57		71		85		99	
44		58		72		86		100	

切 끊을절/온통체	流 흐를 류	玉 구슬 옥	充 채울 충
洗 씻을 세	獨 홀로 독	州 고을 주	首 머리 수
雲 구름 운	耳 귀 이	筆 붓 필	念 생각 념
仕 섬길 사	宅 집 택	馬 말 마	宿 잘 숙
舊 예 구	客 손 객	己 몸 기	羊 양 양
說 말씀설/달랠세	課 과정 과	害 해할 해	參 참여할참/석삼

효 본받을 효
仙 신선 선
巾 수건 건
友 벗 우
類 무리 류
朗 밝을 랑

團 둥글 단
基 터 기
到 이를 도
着 붙을 착
局 판 국
望 바랄 망

價 값 가
元 으뜸 원
勞 일할 로
末 끝 말
牛 소 우
敬 공경 경

財 재물 재
週 돌 주
廣 넓을 광
福 복 복
過 지날 과
告 고할 고

順 순할 순
典 법 전
觀 볼 관
位 자리 위
旅 나그네 려
惡 악할악/미워할오

相 서로 상
雨 비 우
兒 아이 아
歲 해 세